Guida Completa per Adolescenti: 101 Cose Essenziali da Sapere per un Futuro di Successo

Dalla Finanza Personale all'Empatia, dalla Resilienza alla Crescita Personale - Una Mappa Completa per Gli Adolescenti alla Scoperta del Successo e del Benessere nella Vita

Crescita Futura

1. Autostima e autoefficacia

2. Gestione delle emozioni

3. Relazioni e amicizia

4. Sessualità e consenso

5. Uso responsabile della tecnologia

6. Gestione del denaro

7. Importanza dell'educazione

8. Cura di sé

9. Gestione dello stress e resilienza

10. Abilità pratiche

11. Stabilire obiettivi e perseguirli

12. Importanza della lettura

13. Rispetto per gli altri

14. Pensiero critico e problem solving

15. Stare al sicuro

16. Hobby e passioni

17. Sport e attività fisica

18. Lavoro di squadra

19. Ascolto attivo

1. Autostima e autoefficacia

Definizione: L'autostima è la valutazione che un individuo ha di se stesso, mentre l'autoefficacia riguarda la fiducia nelle proprie capacità di raggiungere determinati risultati. Entrambe sono componenti fondamentali per un sano sviluppo psicologico e sono cruciali durante l'adolescenza, un periodo in cui i ragazzi affrontano numerosi cambiamenti e sfide.

Importanza: Una solida autostima è la base per affrontare efficacemente le sfide della vita, costruire relazioni positive e perseguire obiettivi personali e professionali. Una persona con una sana autostima riconosce il proprio valore e non dipende eccessivamente dall'approvazione altrui.

L'autoefficacia, d'altro canto, aiuta a superare gli ostacoli, a perseguire le passioni e a sentirsi capaci e competenti nelle varie sfere della vita.

Sviluppo dell'autostima e dell'autoefficacia durante l'adolescenza:

- **Confronto con gli altri**: Durante l'adolescenza, è comune confrontarsi con i coetanei. Questo può influenzare la percezione di se stessi. È essenziale riconoscere che ognuno ha il proprio percorso e le proprie capacità uniche.

- **Riconoscimento delle proprie capacità**: Concentrarsi su ciò che si sa fare bene e su ciò che si ama fare può aumentare la fiducia in se stessi.

- **Affrontare le sfide**: L'adolescenza è un periodo di scoperta. Affrontare e superare sfide, anche piccole, può rafforzare la sensazione di competenza e autoefficacia.

Strategie per rafforzare l'autostima e l'autoefficacia:

1. **Obiettivi raggiungibili**: Stabilire piccoli obiettivi che possono essere facilmente raggiunti aiuta a costruire fiducia e a creare una serie di successi su cui costruire.

2. **Autocompassione**: Imparare a trattarsi con gentilezza, soprattutto in caso di errori o insuccessi, è fondamentale. Questo aiuta a costruire una mentalità resiliente.

3. **Circondarsi di influenze positive**: Gli amici e i mentori che sostengono, incoraggiano e credono nelle capacità dell'individuo possono fare una grande differenza.

4. **Auto-riflessione**: Scrivere in un diario, meditare o semplicemente riflettere sulle proprie esperienze aiuta a comprendere meglio se stessi e le proprie reazioni.

5. **Affrontare le paure**: L'adolescenza è il momento ideale per iniziare a sfidare se stessi, uscire dalla propria zona di comfort e affrontare le proprie paure.

6. **Ricerca di feedback**: Ottenere feedback costruttivi da mentori, insegnanti o adulti di

fiducia può aiutare a migliorare e a rafforzare
l'autostima.

Conclusione: Costruire una sana autostima e un
senso di autoefficacia è un processo continuo. Durante
l'adolescenza, ci sono molte opportunità per sviluppare
e rafforzare queste qualità, che saranno fondamentali
per tutta la vita. Con il giusto sostegno, gli strumenti e
le strategie, ogni adolescente può sviluppare una forte
autostima e fiducia nelle proprie capacità.

2. Gestione delle emozioni

Definizione: La gestione delle emozioni fa
riferimento alla capacità di riconoscere, comprendere,
esprimere e regolare le proprie emozioni. Questo non
significa sopprimere o negare le emozioni, ma
piuttosto apprenderne, usarle in modo costruttivo e
evitare che diventino soverchianti o dannose.

Importanza: Durante l'adolescenza, molti ragazzi
sperimentano un aumento dell'intensità e della
frequenza delle emozioni a causa dei cambiamenti
ormonali e del cervello. Sapere come gestire queste
emozioni può aiutare a prevenire conflitti, migliorare le
relazioni e contribuire al benessere generale.

Comprendere le emozioni durante l'adolescenza:

- **Reconoscimento**: La prima fase nella gestione delle emozioni è riconoscerle. Questo può includere la capacità di identificare se si sta provando tristezza, rabbia, felicità, paura, ecc.

- **Comprendere le cause**: Una volta riconosciuta l'emozione, è importante cercare di capire cosa l'ha causata. Questo può aiutare a prevenire o gestire meglio situazioni simili in futuro.

- **Espressione adeguata**: Trovare modi sani per esprimere le emozioni è fondamentale. Questo può includere parlare con qualcuno, scrivere, praticare uno sport o un'arte, ecc.

Strategie per una sana gestione delle emozioni:

1. **Tecniche di rilassamento**: Tecniche come la respirazione profonda, la meditazione o la mindfulness possono aiutare a calmare la mente e a regolare le emozioni intense.

2. **Journaling**: Scrivere riguardo alle proprie emozioni può offrire una prospettiva e un'opportunità per riflettere e comprendere meglio ciò che si sta sentendo.

3. **Comunicazione efficace**: Parlando delle proprie emozioni con amici di fiducia, familiari o consiglieri, si può ricevere sostegno e consigli su come gestirle.

4. **Attività fisica**: Fare esercizio fisico può aiutare a liberare tensioni e a produrre endorfine, che sono sostanze chimiche naturali del corpo che inducono sensazioni di piacere e felicità.

5. **Tempo di inattività**: A volte, prendersi una pausa da situazioni stressanti o emozionalmente cariche può aiutare a dare alla mente il tempo di recuperare e riflettere.

6. **Evitare sostanze nocive**: L'alcol e le droghe possono alterare la capacità di gestire le emozioni e possono intensificare reazioni emotive negative.

7. **Arte e creatività**: Esprimere se stessi attraverso l'arte, la musica, la danza o la scrittura può essere un modo efficace per elaborare ed esprimere emozioni.

8. **Terapia**: In alcuni casi, può essere utile cercare l'aiuto di un terapeuta o consigliere per lavorare su problemi emotivi particolarmente difficili.

Conclusione: La gestione delle emozioni è una skill cruciale che può avere un impatto profondo sulla qualità della vita di un individuo. Durante l'adolescenza, con il giusto sostegno e le giuste strategie, i ragazzi possono imparare a navigare nel tumultuoso mare delle loro emozioni e a utilizzarle in modo costruttivo per arricchire la propria vita.

3. Relazioni e amicizia

Definizione: Le relazioni e le amicizie si riferiscono alle connessioni interpersonali che un individuo stabilisce e mantiene con gli altri. Queste connessioni possono variare da relazioni superficiali e di breve durata a legami profondi e duraturi.

Importanza: Durante l'adolescenza, le relazioni e le amicizie assumono un'importanza cruciale. I coetanei iniziano a influenzare significativamente le decisioni, i comportamenti e la percezione di sé del ragazzo. Relazioni sane possono fornire sostegno, comprensione, affetto e divertimento. In contrasto, relazioni tossiche o negative possono portare a sentimenti di isolamento, bassa autostima o comportamenti nocivi.

Aspetti chiave delle relazioni durante l'adolescenza:

- **Sviluppo dell'identità**: Durante l'adolescenza, i ragazzi spesso cercano di capire chi sono e dove si adattano. Le amicizie e le relazioni sono piattaforme attraverso le quali possono sperimentare, testare confini e definire se stessi.

- **Appartenenza e accettazione**: I ragazzi desiderano sentirsi accettati e appartenenti a un gruppo o a una comunità. Questo può influenzare le persone con cui scelgono di associarsi.

- **Relazioni romantiche**: L'adolescenza è spesso un periodo in cui si iniziano a esplorare le relazioni romantiche. È importante avere una comprensione sana di ciò che costituisce una relazione equilibrata e rispettosa.

Strategie per costruire e mantenere relazioni sane:

1. **Comunicazione efficace**: L'ascolto attivo, l'espressione di se stessi e la capacità di risolvere i conflitti sono componenti fondamentali delle relazioni sane.

2. **Stabilire confini**: Imparare a definire e comunicare i propri limiti è essenziale per

garantire che le relazioni siano rispettose e reciprocamente soddisfacenti.

3. **Valori e integrità**: Selezionare amicizie basate su valori e interessi comuni può portare a legami più profondi e duraturi.

4. **Empatia**: Mettersi nei panni dell'altro aiuta a costruire comprensione e connessione.

5. **Flessibilità**: Le relazioni richiedono compromessi e adattamenti. È importante sapere quando essere flessibili e quando mantenere le proprie posizioni.

6. **Tempo di qualità**: Trascorrere del tempo di qualità insieme, condividere esperienze e costruire ricordi rafforza le relazioni.

7. **Affidabilità**: Essere una persona su cui si può contare e mantenere le promesse aiuta a costruire fiducia.

8. **Riconoscimento delle bandiere rosse**: Sapere riconoscere i segni di una relazione tossica o abusiva è fondamentale. Questo include manipolazione, mancanza di rispetto, gelosia estrema o comportamenti di controllo.

Conclusione: Le relazioni e le amicizie durante l'adolescenza possono influenzare profondamente il benessere e lo sviluppo di un ragazzo. Guidarli verso la costruzione di relazioni sane e fornire loro gli strumenti per riconoscere e allontanarsi da quelle negative può avere un impatto duraturo sulla loro salute mentale, emotiva e sociale.

4. Responsabilità e Autonomia

Definizione: La responsabilità riguarda l'assunzione di obblighi e l'adempimento delle aspettative, mentre l'autonomia fa riferimento alla capacità di prendere decisioni e agire in base al proprio giudizio. Entrambi sono concetti chiave che ogni ragazzo dovrebbe sviluppare durante l'adolescenza, preparandosi per l'età adulta.

Importanza: Con l'ingresso nell'adolescenza, aumenta la necessità di prendere decisioni indipendenti e gestire le proprie responsabilità. L'autonomia e la responsabilità sono fondamentali per lo sviluppo personale, la fiducia in se stessi e la preparazione per affrontare sfide future nella vita adulta.

Elementi chiave dell'autonomia e della responsabilità durante l'adolescenza:

- **Presa di decisioni**: Durante l'adolescenza, i ragazzi iniziano a fare scelte significative riguardo alla scuola, agli amici, alle attività e al futuro.

- **Gestione del tempo**: Con l'aumento delle responsabilità scolastiche, extracurriculari e personali, la gestione efficace del tempo diventa cruciale.

- **Responsabilità finanziaria**: Molti adolescenti iniziano a guadagnare i loro primi soldi, che possono provenire da lavoretti, regali o messe. Gestire e risparmiare questi fondi insegna la responsabilità finanziaria.

Strategie per sviluppare autonomia e responsabilità:

1. **Pianificazione e organizzazione**: Imparare a pianificare in anticipo e organizzare le proprie attività può aiutare a gestire le responsabilità e a rispettare le scadenze.

2. **Imparare dalla responsabilità**: È importante capire che fare errori è parte del processo di apprendimento. Invece di evitarli, gli errori

dovrebbero essere visti come opportunità per crescere e imparare.

3. **Impostazione di obiettivi**: Stabilire obiettivi chiari e raggiungibili aiuta a dare una direzione e fornisce un senso di scopo.

4. **Autodisciplina**: La capacità di controllare i propri impulsi e comportamenti, specialmente quando si è tentati di evitare responsabilità, è fondamentale per lo sviluppo dell'autonomia.

5. **Ricerca di feedback**: Chiedere consigli e feedback ad adulti di fiducia, come genitori, insegnanti o mentori, può fornire preziose intuizioni e aiutare nella crescita personale.

6. **Autogestione finanziaria**: Adottare buone abitudini finanziarie, come risparmiare una parte dei propri guadagni o evitare spese impulsive, insegna la responsabilità finanziaria.

7. **Prendere iniziative**: Cercare opportunità per prendere iniziative, sia nella scuola che nella comunità, aiuta a sviluppare leadership e autonomia.

Conclusione: Mentre l'adolescenza è un periodo di crescente autonomia e responsabilità, è anche un momento cruciale per stabilire le basi di una vita adulta sana e autonoma. Con il giusto sostegno, gli strumenti e la guida, gli adolescenti possono sviluppare le abilità necessarie per diventare adulti indipendenti, responsabili e sicuri di sé.

5. Autostima e Autoaccettazione

Definizione: L'autostima si riferisce al modo in cui un individuo si percepisce e valuta. È una valutazione complessiva e profonda del proprio valore. L'autoaccettazione, invece, è la capacità di accettare se stessi in modo incondizionato, comprendendo e accogliendo sia i propri punti di forza che le debolezze.

Importanza: Durante l'adolescenza, molti ragazzi affrontano sfide legate alla percezione di sé stessi, spesso influenzata da paragoni con i coetanei, aspettative sociali e cambiamenti fisici. Un'alta autostima e una solida autoaccettazione possono contribuire a una salute mentale positiva, a relazioni sane e alla resilienza di fronte alle sfide.

Caratteristiche dell'autostima durante l'adolescenza:

- **Comparazione con i coetanei**: In questa fase, molti adolescenti si paragonano ai loro coetanei per determinare il loro valore, che può influenzare positivamente o negativamente la loro autostima.

- **Influenza dei media e dei social**: L'esposizione a standard irrealistici di bellezza e successo può creare aspettative irraggiungibili e influenzare negativamente l'autostima.

- **Reazione alla critica**: La capacità di gestire critiche, sia costruttive che negative, può avere un impatto significativo sull'autostima.

Strategie per potenziare l'autostima e l'autoaccettazione:

1. **Autocomprensione**: Dedicare tempo alla riflessione e all'introspezione può aiutare a capire meglio se stessi, riconoscendo punti di forza e aree di crescita.

2. **Evitare i paragoni negativi**: Riconoscere che ognuno ha il proprio percorso unico e le proprie sfide può ridurre la tendenza a paragonarsi in modo negativo agli altri.

3. **Affrontare le sfide**: Accettare e superare le sfide può rafforzare la fiducia in se stessi e la percezione di competenza.

4. **Celebra i successi, anche i piccoli**: Riconoscere e celebrare anche le piccole vittorie può avere un impatto positivo sull'autostima.

5. **Circondati di positività**: Avere un ambiente supportivo e positivo, con amici e familiari che

offrono supporto e incoraggiamento, può essere fondamentale.

6. **Meditazione e mindfulness**: Queste pratiche possono aiutare a concentrarsi sul momento presente, ridurre l'auto-critica e aumentare l'accettazione di sé.

7. **Impostare obiettivi realistici**: Stabilire e lavorare verso obiettivi raggiungibili può fornire un senso di scopo e realizzazione.

8. **Ricerca di aiuto quando necessario**: Se l'autostima è particolarmente bassa e influisce sulla qualità della vita, può essere utile cercare l'aiuto di un consigliere o terapeuta.

Conclusione: L'autostima e l'autoaccettazione sono fondamentali per il benessere generale di un adolescente. Offrire strumenti e risorse per potenziare questi aspetti può aiutare i ragazzi a navigare meglio nelle sfide dell'adolescenza e a costruire una base solida per l'età adulta.

6. Gestione dello Stress e Resilienza

Definizione: La gestione dello stress riguarda l'insieme di tecniche e strategie utilizzate per affrontare e adattarsi alle situazioni stressanti. La resilienza, d'altro canto, è la capacità di recuperare e adattarsi positivamente di fronte alle avversità e ai contraccolpi.

Importanza: L'adolescenza è un periodo di significative sfide e cambiamenti: pressioni accademiche, relazioni complesse, cambiamenti fisici e emotivi, e la crescente necessità di indipendenza. Sapere come gestire efficacemente lo stress e sviluppare una resilienza solida può prevenire problemi di salute mentale e fisica e promuovere uno sviluppo sano.

Fonti comuni di stress nell'adolescenza:

- **Pressioni scolastiche**: Esami, compiti, e aspettative future possono creare stress.

- **Relazioni sociali**: Conflitti con gli amici, la ricerca di accettazione, o problemi di bullismo possono essere fonti significative di stress.

- **Cambiamenti fisici**: La pubertà e le relative modifiche corporee possono causare insicurezze e stress.

- **Aspettative familiari**: La pressione per soddisfare le aspettative dei genitori o di altri membri della famiglia può pesare su alcuni adolescenti.

Strategie per gestire lo stress e sviluppare resilienza:

1. **Tecniche di rilassamento**: Tecniche come la respirazione profonda, la meditazione e lo stretching possono aiutare a calmare la mente e il corpo.

2. **Esercizio fisico**: L'attività fisica può funzionare come un "distensore" naturale, rilasciando endorfine che migliorano l'umore.

3. **Tempo per se stessi**: Dedica del tempo alle passioni e agli hobby, aiutando a distogliere l'attenzione dalle fonti di stress.

4. **Comunicazione**: Parla dei tuoi sentimenti con qualcuno di fiducia, che può essere un amico, un familiare o un consigliere.

5. **Evita il perfezionismo**: Riconosci che nessuno è perfetto e che commettere errori fa parte dell'apprendimento e della crescita.

6. **Imposta priorità**: Organizza le tue attività in base all'importanza, e impara a dire "no" quando necessario.

7. **Tecniche di risoluzione dei problemi**: Invece di preoccuparti per un problema, cerca soluzioni attive per affrontarlo.

8. **Cerca supporto**: Partecipa a gruppi di sostegno o consulta un terapeuta per approfondire le tecniche di gestione dello stress.

Conclusione: Imparare a gestire efficacemente lo stress e sviluppare la resilienza sono abilità vitali che beneficeranno un adolescente non solo nella sua giovinezza, ma anche nell'età adulta. Fornire agli adolescenti gli strumenti e le risorse per affrontare lo stress li aiuterà a navigare attraverso le sfide con maggiore sicurezza ed equilibrio.

7. Capacità Interpersonali e Costruzione delle Relazioni

Definizione: Le capacità interpersonali si riferiscono alla capacità di interagire efficacemente con gli altri. Queste abilità sono essenziali per costruire e mantenere relazioni sane con amici, familiari e colleghi. La costruzione delle relazioni riguarda la creazione e il rafforzamento di legami autentici e di fiducia con gli altri.

Importanza: Durante l'adolescenza, la costruzione di relazioni diventa una parte centrale dell'esperienza di vita. Le amicizie si approfondiscono, emergono le prime relazioni romantiche e i rapporti con gli adulti diventano più complessi. Avere forti capacità interpersonali può influire positivamente sulla salute mentale, sul benessere emotivo e sul successo nella vita adulta.

Aspetti chiave delle capacità interpersonali nell'adolescenza:

- **Ascolto attivo**: La capacità di ascoltare gli altri senza interruzioni o giudizi.

- **Comunicazione non verbale**: L'uso del linguaggio del corpo, del contatto visivo e dell'espressione facciale per comunicare.

- **Empatia**: La capacità di comprendere e condividere i sentimenti di un'altra persona.

- **Gestione dei conflitti**: L'abilità di risolvere disaccordi in modo costruttivo e pacifico.

Strategie per migliorare le capacità interpersonali e costruire relazioni:

1. **Autoconsapevolezza**: Rifletti sulle tue emozioni, reazioni e comportamenti nelle interazioni con gli altri. Questa consapevolezza può aiutarti a capire come migliorare la tua comunicazione e relazione con gli altri.

2. **Pratica l'ascolto attivo**: Quando qualcuno ti parla, concentrati completamente su di lui,

evitando distrazioni e dimostrando interesse genuino.

3. **Esprimi te stesso chiaramente**: Usa un linguaggio chiaro e diretto, evitando malintesi.

4. **Impara a leggere i segnali non verbali**: Osserva il linguaggio del corpo e le espressioni facciali degli altri per comprendere meglio ciò che potrebbero sentirsi o pensare.

5. **Sviluppa l'empatia**: Cerca di metterti nei panni degli altri, cercando di comprendere il loro punto di vista.

6. **Stabilisci confini sani**: Impara a riconoscere e comunicare i tuoi limiti in una relazione, rispettando al contempo quelli degli altri.

7. **Partecipa a attività di gruppo**: Involgiti in attività come club, sport o gruppi di volontariato per sviluppare e mettere in pratica le tue capacità interpersonali.

8. **Chiedi feedback**: Parla con amici o familiari di fiducia su come interagisci con gli altri e su come potresti migliorare.

Conclusione: Le capacità interpersonali e la capacità di costruire relazioni sono fondamentali per la qualità della vita di un individuo. Insegnare agli adolescenti l'importanza delle relazioni sane e fornire loro gli strumenti per sviluppare queste abilità può avere benefici duraturi nel corso della loro vita.

8. Gestione delle Finanze e Risparmio

Definizione: La gestione delle finanze si riferisce all'abilità di gestire e organizzare risorse economiche, come redditi, spese e investimenti. Il risparmio, invece, riguarda l'accumulo di risorse finanziarie per obiettivi futuri o come misura precauzionale.

Importanza: Mentre l'adolescenza può sembrare un periodo prematuro per preoccuparsi delle finanze, è il momento ideale per instaurare abitudini finanziarie solide. Una comprensione precoce della gestione del denaro può prevenire problemi finanziari in futuro e può aiutare gli adolescenti a raggiungere indipendenza e sicurezza economica nell'età adulta.

Aspetti chiave della gestione delle finanze nell'adolescenza:

- **Budgeting**: La capacità di creare un piano finanziario basato su redditi e spese previsti.

- **Risparmio**: Mettere da parte una parte del proprio reddito per esigenze future.

- **Investimento**: Comprendere le basi degli investimenti può aiutare gli adolescenti a far crescere i loro risparmi nel tempo.

- **Uso responsabile del credito**: Imparare a gestire le carte di credito e altri debiti in modo responsabile.

Strategie per una solida gestione delle finanze e risparmio:

1. **Educazione finanziaria**: Partecipa a corsi o seminari su budgeting, risparmio e investimenti. Molte scuole e organizzazioni comunitarie offrono risorse utili.

2. **Inizia un budget**: Registra le entrate e le spese mensili, e pianifica in base a ciò. Questo ti aiuterà a comprendere dove va il tuo denaro e dove potresti risparmiare.

3. **Imposta obiettivi di risparmio**: Che si tratti di un'auto, di un viaggio o di un fondo d'emergenza, avere un obiettivo ti darà una motivazione per risparmiare.

4. **Evita le spese impulsive**: Prima di fare un acquisto significativo, prenditi del tempo per riflettere e assicurati che sia una decisione ponderata.

5. **Impara sul credito**: Comprende come funziona una carta di credito, come accumulare un buon punteggio di credito e come evitare debiti insostenibili.

6. **Ricerca sugli investimenti**: Anche se potrebbe sembrare avanzato, avere una comprensione basica di come funzionano azioni, obbligazioni e conti di risparmio può essere utile.

7. **Consulta un consulente finanziario**: Se hai la possibilità, parla con un esperto per ottenere consigli specifici e personalizzati.

8. **Adotta una mentalità a lungo termine**: Mentre può essere tentante spendere per gratificazioni immediate, impara a valutare le decisioni finanziarie in termini di benefici a lungo termine.

Conclusione: La gestione delle finanze è una competenza vitale che spesso viene trascurata nell'educazione degli adolescenti. Tuttavia, instillare abitudini finanziarie solide durante questi anni formativi può avere un impatto positivo duraturo sulla loro sicurezza e indipendenza economica in futuro.

9. Importanza dell'Autodisciplina e della Procrastinazione

Definizione: L'autodisciplina si riferisce alla capacità di controllare e motivare se stessi, resistere alle tentazioni momentanee al fine di raggiungere obiettivi a lungo termine. È l'atto di concentrarsi sulla realizzazione di obiettivi pur avendo la possibilità di scegliere opzioni più facili o più gratificanti nel breve termine. La procrastinazione, al contrario, è l'atto di rimandare o ritardare le attività che dovrebbero essere completate.

Importanza: La disciplina personale è una delle competenze più importanti che un adolescente può sviluppare. Avere una solida autodisciplina può influenzare positivamente la scuola, il lavoro, le relazioni e la salute generale. La procrastinazione, se non gestita, può diventare un ostacolo significativo al successo e può portare a stress, senso di colpa e risultati non ottimali.

Aspetti chiave dell'autodisciplina e della procrastinazione nell'adolescenza:

- **Gestione del tempo**: Organizzare e strutturare il proprio tempo per massimizzare la produttività.

- **Impostazione degli obiettivi**: Definire chiaramente ciò che si vuole raggiungere e stabilire piani per raggiungere tali obiettivi.

- **Rinforzi e gratificazioni**: Ricompensare se stessi per aver mantenuto l'autodisciplina può servire come motivazione.

- **Identificazione delle distrazioni**: Riconoscere e limitare le cose che tendono a distrarre o deviare dal compito in corso.

Strategie per sviluppare l'autodisciplina e combattere la procrastinazione:

1. **Crea una routine quotidiana**: Stabilisci una routine quotidiana che includa tempo per studio, lavoro, relax e attività ricreative.

2. **Imposta piccoli obiettivi**: Invece di guardare un grande compito nel suo insieme, suddividilo in obiettivi più piccoli e gestibili.

3. **Evita le distrazioni**: Identifica ciò che ti distrae di più e cerca di limitare o eliminare quelle distrazioni quando stai cercando di essere produttivo.

4. **Ricompensa te stesso**: Stabilisci un sistema di ricompense per quando raggiungi i tuoi obiettivi o resisti alle tentazioni.

5. **Tieni un diario**: Scrivere i tuoi obiettivi, progressi e sfide può aiutarti a rimanere responsabile e concentrato.

6. **Imposta delle scadenze**: Anche se non ne hai una imposta, crea delle scadenze per te stesso. Ciò può aiutarti a rimanere motivato e a tenere il passo.

7. **Chiedi il sostegno**: Condividi i tuoi obiettivi con amici o familiari che possono aiutarti a rimanere sulla buona strada e incoraggiarti.

8. **Rifletti sulle cause della procrastinazione**: Se tendi a rimandare spesso, rifletti sul motivo. La paura del fallimento? Perfezionismo? Identifica la causa e affrontala direttamente.

Conclusione: L'autodisciplina è una skill cruciale che può determinare il successo in molti ambiti della vita. Mentre la tentazione di rimandare può essere forte, specialmente durante l'adolescenza, sviluppare abitudini di autodisciplina e strategie per combattere la procrastinazione può portare a una vita più soddisfacente e produttiva.

10. Intelligenza Emotiva e Autocomprensione

Definizione: L'intelligenza emotiva (IE) si riferisce alla capacità di riconoscere, comprendere, utilizzare e gestire efficacemente le proprie emozioni e quelle degli altri. L'autocomprensione è strettamente correlata e si riferisce alla profonda consapevolezza e comprensione delle proprie emozioni, motivazioni, bisogni e comportamenti.

Importanza: Durante l'adolescenza, gli individui attraversano una miriade di cambiamenti emotivi e sociali. La capacità di navigare in queste acque spesso tumultuose con intelligenza emotiva può influenzare positivamente le relazioni, la salute mentale e il successo in varie attività. Una solida autocomprensione può aiutare gli adolescenti a prendere decisioni più informate e a sviluppare una maggiore autostima.

Aspetti chiave dell'Intelligenza Emotiva e Autocomprensione nell'adolescenza:

- **Autoconsapevolezza**: Riconoscere e comprendere le proprie emozioni e come influenzano il pensiero e il comportamento.

- **Autoregolazione**: La capacità di gestire le proprie emozioni in modo appropriato e costruttivo.

- **Motivazione**: Essere guidati da obiettivi interni piuttosto che da fattori esterni.

- **Empatia**: Riconoscere e comprendere le emozioni negli altri.

- **Abilità sociali**: Costruire relazioni sane e gestire le interazioni sociali.

Strategie per sviluppare l'Intelligenza Emotiva e l'Autocomprensione:

1. **Riflessione giornaliera**: Dedica del tempo ogni giorno per riflettere sulle tue emozioni e sulle situazioni che le hanno causate.

2. **Pratica la meditazione o la mindfulness**: Queste tecniche possono aiutarti a diventare più consapevole delle tue emozioni e a gestirle meglio.

3. **Ricerca feedback**: Chiedi agli amici e ai familiari come percepiscono le tue reazioni in varie situazioni. Ciò può aiutarti a vedere te stesso da una prospettiva diversa.

4. **Sviluppa l'ascolto attivo**: Quando interagisci con gli altri, concentra la tua attenzione sul comprendere veramente ciò che stanno dicendo e sentendo.

5. **Impara dai conflitti**: Invece di evitare conflitti, utilizzali come opportunità per comprendere meglio te stesso e gli altri.

6. **Leggi sulla psicologia**: Conoscere la psicologia umana può aiutarti a comprendere meglio te stesso e le persone intorno a te.

7. **Imposta obiettivi personali**: Lavorare verso obiettivi personali può aiutarti a comprendere meglio ciò che ti motiva e ti spinge.

8. **Partecipa a gruppi o terapie**: Gruppi di supporto o terapie individuali possono offrire una profonda introspezione e nuove prospettive sulla comprensione di se stessi.

Conclusione: L'intelligenza emotiva e l'autocomprensione sono competenze fondamentali che possono notevolmente migliorare la qualità delle relazioni e la soddisfazione nella vita di un individuo. Durante l'adolescenza, questi concetti sono particolarmente cruciali, poiché gli adolescenti stanno ancora formando la loro identità e navigando in un periodo di rapidi cambiamenti emotivi e sociali.

11. L'importanza della Lettura e della Cultura Letteraria

Definizione: La cultura letteraria riguarda la conoscenza e l'apprezzamento della letteratura e delle opere scritte. La lettura non si limita alla pura decodifica delle parole, ma coinvolge anche la capacità di interpretare, critica, empatizzare e riflettere sul contenuto.

Importanza: La lettura regolare può offrire numerosi benefici cognitivi, emotivi e sociali. Può migliorare il vocabolario, la comprensione, la capacità critica e la consapevolezza culturale. Inoltre, permette di sviluppare empatia, poiché attraverso le storie possiamo vivere esperienze diverse e vedere il mondo da diverse prospettive.

Aspetti chiave della Lettura e della Cultura Letteraria nell'adolescenza:

- **Conoscenza**: Attraverso la lettura, gli adolescenti possono ampliare la loro conoscenza su diversi argomenti, storie e culture.

- **Empatia**: Leggendo storie diverse, gli adolescenti possono immedesimarsi in personaggi di diverse epoche, culture e sfondi.

- **Pensiero critico**: Analizzando e riflettendo sul contenuto, gli adolescenti possono sviluppare un pensiero critico e un'opinione informata.

- **Competenze linguistiche**: La lettura regolare può migliorare il vocabolario, la grammatica e le capacità di scrittura.

Strategie per promuovere la Lettura e la Cultura Letteraria:

1. **Stabilire una routine di lettura quotidiana**: Anche solo 20 minuti al giorno possono fare una grande differenza.

2. **Unisciti a un club del libro**: Discutere di libri con gli altri può offrire nuove prospettive e aumentare la motivazione alla lettura.

3. **Sfida te stesso**: Prova a leggere generi o autori che normalmente non sceglieresti.

4. **Scrivi recensioni**: Dopo aver letto un libro, scrivi una recensione. Questo aiuta a riflettere sul contenuto e a sviluppare capacità critiche.

5. **Leggi ad alta voce**: Questo può migliorare le competenze linguistiche e offre un modo diverso di interagire con il testo.

6. **Visita biblioteche e librerie**: Questi luoghi offrono una vasta gamma di opzioni di lettura e spesso ospitano eventi o club legati alla lettura.

7. **Fai una lista di lettura**: Stabilisci degli obiettivi di lettura per te stesso, come una lista di libri che vuoi leggere entro la fine dell'anno.

8. **Rifletti sulle tue letture**: Dopo aver finito un libro, prenditi un momento per riflettere su ciò che hai imparato e su come ti senti in merito.

Conclusione: La lettura e l'apprezzamento della letteratura sono competenze e abitudini preziose che possono arricchire la vita in molti modi. Durante l'adolescenza, quando la personalità e la visione del mondo stanno ancora formandosi, immergersi nella letteratura può offrire preziose lezioni di vita, nuove prospettive e un profondo senso di connessione con il mondo più ampio.

12. Gestione dello Stress e Tecniche di Rilassamento

Definizione: La gestione dello stress implica l'adozione di metodi e strategie per gestire e ridurre le tensioni che possono emergere nella vita quotidiana, mentre le tecniche di rilassamento sono specifici esercizi o attività progettate per calmare la mente e il corpo.

Importanza: L'adolescenza è un periodo di rapidi cambiamenti fisici, emotivi e sociali. Questi cambiamenti possono, naturalmente, portare a periodi di stress. Senza competenze adeguate per gestire tale stress, gli adolescenti possono sperimentare problemi di salute mentale, disturbi del sonno, problemi accademici e tensioni nelle relazioni.

Aspetti chiave della Gestione dello Stress e Tecniche di Rilassamento nell'adolescenza:

- **Riconoscimento**: Essere in grado di identificare i segnali e le cause dello stress è il primo passo verso la gestione efficace.

- **Resilienza**: Sviluppare la capacità di adattarsi e recuperare dalle situazioni stressanti.

- **Equilibrio**: Bilanciare le esigenze della scuola, delle relazioni, delle attività extracurriculari e del tempo libero.

- **Auto-cura**: Dedica del tempo per te stesso e le tue necessità personali.

Strategie per la Gestione dello Stress e Tecniche di Rilassamento:

1. **Meditazione e Mindfulness**: Queste pratiche aiutano a concentrarsi sul presente, calmare la mente e riconoscere i pensieri senza giudizio.

2. **Esercizio fisico**: L'attività fisica può aiutare a ridurre i livelli di stress liberando endorfine, che sono neurotrasmettitori che agiscono come analgesici naturali.

3. **Tecniche di respirazione profonda**: Respirare profondamente e lentamente può aiutare a calmare il sistema nervoso.

4. **Limitare la caffeina**: Ridurre l'assunzione di caffeina può aiutare a ridurre l'ansia e migliorare la qualità del sonno.

5. **Stabilire una routine quotidiana**: Avere una routine può fornire una sensazione di normalità.

6. **Evitare la procrastinazione**: Suddividere le attività in passi gestibili e completarle in tempo può ridurre l'ansia di "ultimo minuto".

7. **Tempo per hobby e interessi**: Dedicare del tempo alle attività che si amano può essere un modo efficace per distogliere la mente dalle preoccupazioni e ridurre lo stress.

8. **Connessione con gli altri**: Parlare dei propri sentimenti e preoccupazioni con amici fidati, familiari o professionisti può offrire sollievo e nuove prospettive.

9. **Sonno adeguato**: Mantenere una routine di sonno regolare e garantire un sonno di qualità può aiutare nella gestione dello stress.

Conclusione: Imparare a gestire lo stress in modo efficace è cruciale durante l'adolescenza, un periodo in cui gli individui stanno formando abitudini e strategie che porteranno con sé nell'età adulta. Avere una serie di tecniche e strumenti a disposizione può non solo aiutare gli adolescenti a navigare attraverso le sfide attuali, ma può anche prepararli per le sfide future.

13. Comunicazione Efficace e Ascolto Attivo

Definizione: La comunicazione efficace è l'arte di trasmettere informazioni in modo chiaro, diretto e comprensibile, mentre l'ascolto attivo riguarda l'essere pienamente presenti e impegnato quando qualcuno sta parlando, mostrando vera comprensione e empatia.

Importanza: Una comunicazione efficace e un ascolto attivo sono fondamentali in tutte le aree della vita: relazioni personali, scuola, lavoro e interazioni quotidiane. Essere in grado di comunicare le proprie idee e sentimenti chiaramente e comprendere pienamente gli altri può prevenire malintesi, conflitti e sentimenti di alienazione.

Aspetti chiave della Comunicazione Efficace e Ascolto Attivo nell'adolescenza:

- **Chiarità**: Esprimersi in modo diretto e comprensibile, evitando ambiguità.

- **Empatia**: Mostrare genuina comprensione e preoccupazione per i sentimenti e le prospettive degli altri.

- **Pazienza**: Dare tempo alle persone per esprimersi e aspettare di rispondere piuttosto che interrompere.

- **Feedback non verbale**: Utilizzare il linguaggio del corpo (come il contatto visivo e i gesti) per mostrare che si sta ascoltando e comprendendo.

Strategie per sviluppare una Comunicazione Efficace e un Ascolto Attivo:

1. **Pratica l'ascolto senza interruzioni**: Quando qualcuno sta parlando, resisti alla tentazione di interrompere o formulare la tua risposta mentre ascolti.

2. **Fai domande di chiarimento**: Se non sei sicuro di aver compreso qualcosa, chiedi ulteriori dettagli o spiegazioni.

3. **Evita le distrazioni**: Quando stai ascoltando qualcuno, metti da parte il telefono o altre distrazioni per mostrare che la tua attenzione è completamente rivolta a loro.

4. **Rifletti sui sentimenti**: Dopo che qualcuno ha condiviso qualcosa con te, rifletti sui loro sentimenti con affermazioni come "Sembra che ti senti frustrato riguardo a questo".

5. **Sviluppa le tue capacità di linguaggio del corpo**: Presta attenzione al tuo linguaggio del corpo e a quello degli altri per garantire una comunicazione non verbale positiva.

6. **Pratica la comunicazione regolare**: Dedica del tempo ogni giorno per comunicare con amici e familiari, sviluppando così le tue capacità comunicative.

7. **Partecipa a giochi e attività di comunicazione**: Ci sono molte attività e giochi che possono aiutare a sviluppare competenze comunicative, come i giochi di ruolo o gli esercizi di ascolto.

8. **Richiedi feedback**: Dopo una conversazione, chiedi agli altri come pensano che tu abbia comunicato e se c'erano aree in cui avresti potuto essere più chiaro.

Conclusione: In un'epoca dominata dalla tecnologia e dalla comunicazione digitale, le abilità di comunicazione personale e ascolto attivo sono più preziose che mai. Aiutando gli adolescenti a sviluppare queste competenze, li stiamo preparando non solo per il successo nelle relazioni personali, ma anche in ambienti educativi e professionali.

14. Autostima e Autoconsapevolezza

Definizione: L'autostima si riferisce al valore che una persona attribuisce a se stessa, mentre l'autoconsapevolezza implica una comprensione chiara e onesta dei propri sentimenti, motivi, comportamenti e forze.

Importanza: Avere una solida autostima e autoconsapevolezza è fondamentale per lo sviluppo emotivo, relazionale e personale. Individui con una sana autostima sono spesso più resilienti di fronte alle sfide e hanno relazioni più positive. L'autoconsapevolezza, d'altra parte, permette a un individuo di capire meglio se stesso, di riconoscere le proprie emozioni e di prendere decisioni che riflettano veramente chi sono.

Aspetti chiave dell'Autostima e dell'Autoconsapevolezza nell'adolescenza:

- **Valutazione interna**: Riconoscere il proprio valore indipendentemente dall'approvazione esterna.

- **Accettazione di sé**: Accettare le proprie forze e debolezze e amarsi per quello che si è.

- **Riflessione personale**: Prendersi il tempo per riflettere sui propri sentimenti, desideri e obiettivi.

- **Gestione delle critiche**: Saper ricevere feedback, sia positivi che negativi, senza che ciò influenzi drasticamente la percezione di sé.

Strategie per sviluppare Autostima e Autoconsapevolezza:

1. **Giornalismo**: Scrivere regolarmente su un diario può aiutare a riflettere sui propri sentimenti e su eventi significativi, promuovendo l'autoconsapevolezza.

2. **Affermazioni positive**: Pratica affermazioni positive giornaliere per rafforzare l'autostima.

3. **Impara da fallimenti e successi**: Piuttosto che vedere i fallimenti come puramente negativi, vederli come opportunità di apprendimento può aiutare a costruire resilienza e autostima.

4. **Meditazione e mindfulness**: Queste pratiche possono aiutare a sviluppare l'autoconsapevolezza e a centrarsi sul momento presente.

5. **Cerca il feedback**: Chiedere agli altri le loro opinioni o percezioni su di te può offrire preziose intuizioni per sviluppare ulteriormente la tua autoconsapevolezza.

6. **Stabilisci obiettivi realistici**: Porsi obiettivi raggiungibili e misurabili può rafforzare la fiducia e l'autostima man mano che vengono raggiunti.

7. **Impegnati in attività che ami**: Fare ciò che ti appassiona può rafforzare l'autostima e fornire un senso di realizzazione.

8. **Terapia o counseling**: Per alcuni, parlare con un professionista può aiutare ad affrontare problemi di autostima o questioni legate all'autoconsapevolezza.

Conclusione: L'autostima e l'autoconsapevolezza sono fondamenta cruciali per lo sviluppo personale. Incoraggiare gli adolescenti a riconoscere e apprezzare il loro valore intrinseco e a comprendere profondamente se stessi può prepararli a affrontare le sfide della vita con maggiore resilienza e sicurezza.

15. L'Importanza del Fallimento e la Resilienza

Definizione: Il fallimento può essere definito come la mancanza di raggiungimento di un obiettivo o di un'intenzione. La resilienza, invece, è la capacità di riprendersi rapidamente dalle difficoltà, mantenendo la propria forza e positività.

Importanza: Nel corso della vita, ogni individuo sperimenta momenti di fallimento o insuccesso. Come uno affronta e reagisce a queste situazioni può definire in modo significativo il suo successo futuro e la sua salute mentale. La resilienza non solo aiuta a superare gli ostacoli, ma incoraggia anche la crescita e lo sviluppo personale.

Aspetti chiave del Fallimento e della Resilienza nell'adolescenza:

- **Visione positiva**: Vedere il fallimento come un'opportunità di apprendimento piuttosto che come una sconfitta.

- **Adattabilità**: La capacità di adattarsi ai cambiamenti e alle avversità senza perdere la propria essenza.

- **Autoreflessione**: Valutare le proprie azioni e decisioni per comprendere la causa dell'insuccesso e come evitarlo in futuro.

- **Supporto sociale**: Riconoscere l'importanza di avere una rete di supporto durante i momenti difficili.

Strategie per sviluppare Resilienza e affrontare il Fallimento:

1. **Riframing cognitivo**: Imparare a vedere le situazioni da diverse prospettive per trovare il lato positivo o le lezioni nascoste.

2. **Stabilire obiettivi realistici**: Porsi obiettivi chiari ma flessibili aiuta a mantenere la motivazione anche di fronte a contrattempi.

3. **Tecniche di gestione dello stress**: Come meditazione, esercizio fisico e tecniche di respirazione per aiutare a gestire la pressione e le avversità.

4. **Cercare supporto**: Parlare dei propri sentimenti e delle proprie esperienze con amici fidati, familiari o professionisti.

5. **Evitare la ruminazione**: Concentrarsi troppo su un fallimento può essere controproducente. È importante riconoscere l'errore, imparare da esso e poi andare avanti.

6. **Celebra i successi**: Anche i piccoli successi sono importanti. Celebrarli può aiutare a costruire fiducia e autostima.

7. **Accettare che il fallimento fa parte della crescita**: Educarsi e accettare che il fallimento non è la fine, ma piuttosto un passo nel viaggio della vita.

8. **Sviluppa abilità di problem solving**: Lavora su come affrontare le sfide e trovare soluzioni efficaci.

Conclusione: Insegnare agli adolescenti l'importanza del fallimento e la resilienza è essenziale per prepararli a una vita di sfide e cambiamenti. Piuttosto che temere l'insuccesso, dovrebbero vederlo come un'opportunità di crescita. Con una mentalità resiliente, saranno meglio attrezzati per affrontare le avversità e prosperare in mezzo ad esse.

16. La Gestione del Tempo e l'Organizzazione

Definizione: La gestione del tempo si riferisce all'abilità di utilizzare il proprio tempo in modo efficace e produttivo. L'organizzazione, invece, è l'arte di sistemare le cose o di pianificare attività in un modo strutturato che facilita il raggiungimento di obiettivi o compiti.

Importanza: Nel mondo frenetico di oggi, saper gestire il proprio tempo e organizzare le proprie attività è fondamentale per il successo accademico, professionale e personale. Imparare queste abilità in giovane età può preparare gli adolescenti a gestire le crescenti responsabilità e le sfide che incontreranno da adulti.

Aspetti chiave della Gestione del Tempo e dell'Organizzazione nell'adolescenza:

- **Prioritizzazione**: Saper decidere quali compiti o attività sono più importanti e affrontarli per primi.

- **Pianificazione**: Stabilire obiettivi chiari e creare un piano passo-passo per raggiungerli.

- **Evitare la procrastinazione**: Riconoscere l'importanza di iniziare i compiti tempestivamente e di evitarne il rinvio.

- **Bilanciare lavoro e svago**: Trovare un equilibrio tra studio, lavoro, tempo libero e riposo.

Strategie per sviluppare la Gestione del Tempo e l'Organizzazione:

1. **Utilizzare un planner o un'agenda**: Annotare compiti, appuntamenti e attività in un planner fisico o digitale può aiutare a visualizzare e monitorare le proprie responsabilità.

2. **Tecniche come la "Tecnica Pomodoro"**: Questo metodo implica lavorare intensamente per un periodo di tempo predefinito, seguito da una breve pausa, e può aiutare a mantenere la concentrazione e a evitare la stanchezza.

3. **Stabilire routine quotidiane**: Avere una routine regolare può aiutare a creare un senso di normalità e prevedibilità, rendendo più facile affrontare compiti e responsabilità.

4. **Impostare scadenze personali**: Anche se un compito o un progetto ha una scadenza lontana, impostare scadenze personali può aiutare a

suddividere il lavoro e a evitare l'accumulo di compiti.

5. **Evitare multitasking**: Concentrarsi su un'attività alla volta può effettivamente migliorare l'efficienza e la qualità del lavoro.

6. **Rivedere e adattare**: Alla fine di ogni settimana, prendersi un momento per riflettere su ciò che ha funzionato e ciò che no, e adattare la strategia di conseguenza.

7. **Saper dire "no"**: Non sovraccaricare te stesso. Riconoscere i propri limiti e sapere quando è il momento di declinare ulteriori responsabilità o impegni.

8. **Utilizzare strumenti digitali**: App e software dedicati possono aiutare a organizzare compiti, prendere appunti e gestire le scadenze.

Conclusione: Le abilità di gestione del tempo e organizzazione sono fondamentali per qualsiasi individuo che desideri avere successo in qualsiasi aspetto della vita. Gli adolescenti che sviluppano queste abilità sono meglio preparati per gestire le sfide accademiche, professionali e personali con maggiore efficienza e meno stress.

17. L'Arte della Comunicazione Efficace

Definizione: La comunicazione efficace si riferisce all'abilità di trasmettere informazioni in modo chiaro, preciso e comprensibile, garantendo che il messaggio inviato sia ricevuto e interpretato come inteso. Questo può includere sia la comunicazione verbale che quella non verbale.

Importanza: Nella società moderna, la capacità di comunicare efficacemente è fondamentale in quasi ogni aspetto della vita. Che si tratti di relazioni personali, ambienti accademici o professionali, una comunicazione chiara e assertiva può prevenire malintesi, conflitti e aiutare nella costruzione di relazioni positive e produttive.

Aspetti chiave della Comunicazione Efficace nell'adolescenza:

- **Ascolto attivo**: Prestare attenzione a ciò che l'altra persona sta dicendo senza interrompere e cercando di comprendere il suo punto di vista.

- **Chiarezza e concisione**: Esprimere i propri pensieri e sentimenti in modo chiaro e diretto, evitando ambiguità.

- **Linguaggio del corpo**: Essere consapevoli di come la postura, la mimica facciale e il contatto visivo possono influenzare il modo in cui il messaggio viene ricevuto.

- **Feedback**: Chiedere feedback per assicurarsi che il messaggio sia stato compreso come inteso.

Strategie per sviluppare una Comunicazione Efficace:

1. **Pratica l'ascolto attivo**: Quando qualcuno parla, concentrati pienamente su ciò che sta dicendo. Evita di pensare a come risponderai mentre l'altro sta ancora parlando.

2. **Partecipa a giochi di ruolo**: Simulare situazioni di comunicazione può aiutare a sviluppare empatia e a vedere le cose dalla prospettiva dell'altro.

3. **Evita distrattori**: Quando comunichi, specialmente in situazioni importanti, elimina le distrazioni come telefoni o altri dispositivi elettronici.

4. **Studia il linguaggio non verbale**: Impara a interpretare segnali come il contatto visivo, le espressioni facciali e la postura per comprendere meglio ciò che l'interlocutore potrebbe sentirsi o pensare.

5. **Partecipa a corsi o workshop**: Iscriversi a corsi di comunicazione o pubbliche relazioni può fornire strumenti e tecniche utili.

6. **Pratica la comunicazione assertiva**: Esprimi le tue opinioni e sentimenti in modo diretto ma rispettoso, senza essere aggressivo o passivo.

7. **Chiedi feedback**: Dopo aver comunicato, chiedi agli altri come hanno percepito il tuo messaggio e se ci sono stati malintesi.

8. **Rileggi e riascolta**: Prima di inviare messaggi scritti o elettronici, rileggili per assicurarti che siano chiari. Analogamente, quando ascolti un messaggio vocale, fai attenzione al tono e al contenuto per garantire una comprensione chiara.

Conclusione: La capacità di comunicare efficacemente è una delle competenze più preziose che un individuo può possedere. Per gli adolescenti, sviluppare questa abilità in giovane età può facilitare interazioni positive, costruire relazioni solide e aprire numerose opportunità nella vita adulta. Gli adolescenti dovrebbero essere incoraggiati a praticare e rifinire le loro abilità comunicative in ogni opportunità.

18. Autostima e Autoconsapevolezza

Definizione: L'autostima si riferisce al modo in cui un individuo percepisce se stesso, sia in termini di valutazione positiva che negativa. È la valutazione intrinseca del proprio valore. L'autoconsapevolezza, d'altra parte, è la comprensione e la consapevolezza delle proprie emozioni, motivazioni, forze e debolezze.

Importanza: L'autostima e l'autoconsapevolezza sono fondamentali per la salute mentale e il benessere di un individuo. Un'adeguata autostima può influenzare positivamente la motivazione, l'attitudine verso gli studi e le relazioni, e può fornire la resilienza necessaria per affrontare le sfide. L'autoconsapevolezza permette agli individui di comprendere meglio le proprie reazioni e comportamenti, facilitando la comunicazione e l'interazione con gli altri.

Aspetti chiave dell'Autostima e dell'Autoconsapevolezza nell'adolescenza:

- **Autopercezione**: Come un adolescente si vede, sia fisicamente che in termini di personalità e abilità.

- **Confronto sociale**: L'influenza dei paragoni con coetanei sull'autostima.

- **Accettazione di sé**: Accettare le proprie forze e debolezze e sentirsi a proprio agio con chi si è.

- **Riflessione interna**: Comprendere le proprie emozioni e motivazioni.

Strategie per sviluppare Autostima e Autoconsapevolezza:

1. **Giornale riflessivo**: Tenere un diario delle proprie emozioni, pensieri e esperienze quotidiane può aiutare a riflettere sul proprio io interiore e a sviluppare una maggiore autoconsapevolezza.

2. **Meditazione e mindfulness**: Queste pratiche possono aiutare gli adolescenti a connettersi con se stessi, riconoscere le proprie emozioni e accettare il presente.

3. **Impostare e raggiungere piccoli obiettivi**: Celebrare piccole vittorie può migliorare l'autostima.

4. **Evitare il confronto negativo**: Invece di confrontarsi con gli altri in modo negativo, gli adolescenti dovrebbero imparare a vedere l'ispirazione negli altri e a riconoscere il proprio valore unico.

5. **Terapia e counseling**: Per coloro che lottano con problemi di autostima, parlare con un professionista può offrire nuove prospettive e strumenti per migliorare.

6. **Affrontare le proprie paure**: Affrontare ciò che si teme, un passo alla volta, può costruire fiducia e autostima.

7. **Circondarsi di influenze positive**: Essere attorniati da amici e familiari che offrono supporto e incoraggiamento può avere un impatto significativo sull'autostima.

8. **Partecipare a attività extracurriculari**: Trovare una passione o un'abilità e dedicarsi ad essa può rafforzare l'autostima e fornire una sensazione di realizzazione.

Conclusione: La fase adolescenziale è un periodo di cambiamenti e sfide, durante il quale l'autostima e l'autoconsapevolezza giocano un ruolo cruciale nello sviluppo di una persona. Fornire agli adolescenti gli strumenti e le risorse per comprendere e apprezzare se stessi può prepararli a una vita adulta sana e soddisfacente. Gli adolescenti con una solida autostima e autoconsapevolezza sono meglio equipaggiati per navigare attraverso le sfide e cogliere le opportunità che la vita presenta.

19. Gestione dello Stress e Tecniche di Rilassamento

Definizione: La gestione dello stress si riferisce alle tecniche e ai metodi utilizzati per gestire e ridurre lo stress nella vita quotidiana. Questo può includere approcci mentali, fisici e comportamentali. Il rilassamento, come parte di questa gestione, riguarda l'uso di tecniche specifiche per rilassare corpo e mente.

Importanza: L'adolescenza può essere un periodo particolarmente stressante, con sfide legate alla scuola, alle relazioni, alla pressione dei coetanei e ai cambiamenti fisici ed emotivi. Sapere come gestire e ridurre questo stress è essenziale per la salute mentale e fisica. Uno stress non gestito può portare a problemi come ansia, depressione, disturbi del sonno e problemi di salute fisica.

Aspetti chiave della Gestione dello Stress e del Rilassamento nell'adolescenza:

- **Riconoscimento dello stress**: Identificare i segnali e le cause dello stress.

- **Risposte allo stress**: Come il corpo e la mente reagiscono allo stress, inclusi sintomi come l'ansia, la ritrazione o l'irritabilità.

- **Tecniche di rilassamento**: Metodi specifici per calmare corpo e mente.

Strategie per la Gestione dello Stress e il Rilassamento:

1. **Respirazione profonda**: Concentrandosi sulla respirazione e rendendola più profonda e ritmica, è possibile calmare il sistema nervoso.

2. **Esercizio fisico**: L'attività fisica, come la corsa o la danza, può aiutare a ridurre lo stress liberando endorfine, che sono neurotrasmettitori che generano sensazioni di benessere.

3. **Visualizzazione**: Immaginare un luogo o una situazione rilassante può aiutare a ridurre la tensione.

4. **Meditazione e mindfulness**: La concentrazione sul presente e l'osservazione dei propri pensieri senza giudizio può ridurre i livelli di stress.

5. **Tecniche di distrazione**: Concentrarsi su un'attività divertente o coinvolgente, come la lettura o il disegno, può distogliere l'attenzione dalle cause dello stress.

6. **Gestione del tempo**: Organizzare e pianificare le attività può ridurre la sensazione di essere sopraffatti.

7. **Comunicazione**: Parlare dei propri sentimenti e preoccupazioni con amici, familiari o professionisti può offrire sollievo e prospettiva.

8. **Risate e umorismo**: Guardare un film comico o ascoltare una barzelletta può alleviare lo stress. La risata ha infatti benefici fisici e psicologici.

9. **Musica**: Ascoltare musica rilassante o suonare uno strumento può avere un effetto calmante.

10. **Limitare la caffeina e lo zucchero**: Consumare troppa caffeina o zucchero può aumentare l'ansia e l'irritabilità.

Conclusione: Imparare a gestire lo stress in modo efficace durante l'adolescenza può fornire una base solida per affrontare le sfide future. Le tecniche di rilassamento e gestione dello stress non solo migliorano il benessere generale durante questi anni formativi, ma forniscono anche strumenti preziosi che gli adolescenti possono utilizzare durante tutta la loro vita. Gli adolescenti dovrebbero essere incoraggiati a sperimentare diverse tecniche per trovare ciò che funziona meglio per loro e integrare queste pratiche nella loro routine quotidiana.

20. Sviluppo dell'Empatia e Intelligenza Emotiva

Definizione: L'empatia è la capacità di comprendere e condividere i sentimenti di un altro, mettendosi nei loro panni. L'intelligenza emotiva, d'altra parte, riguarda la capacità di riconoscere, comprendere, utilizzare e gestire le proprie emozioni in modi positivi per alleviare lo stress, comunicare efficacemente, comprendere gli altri e affrontare le sfide.

Importanza: Nell'adolescenza, quando le relazioni sociali assumono un significato profondo e le emozioni possono essere particolarmente intense, sviluppare empatia e intelligenza emotiva è essenziale. Queste abilità possono aiutare a costruire relazioni più profonde, a evitare conflitti e a comprendere meglio se stessi e gli altri. Inoltre, l'empatia e l'intelligenza emotiva possono influenzare positivamente l'ambiente scolastico, le amicizie e persino le prospettive future nel mondo del lavoro.

Aspetti chiave dell'Empatia e dell'Intelligenza Emotiva nell'adolescenza:

- **Autoconsapevolezza**: Riconoscere e comprendere le proprie emozioni.

- **Autoregolazione**: La capacità di controllare e gestire le proprie emozioni.

- **Motivazione**: Utilizzare le emozioni per perseguire obiettivi e compiti.

- **Consapevolezza sociale**: Comprendere e sintonizzarsi sulle emozioni degli altri.

- **Gestione delle relazioni**: La capacità di costruire e mantenere relazioni sane basate sulla comprensione e sull'empatia reciproca.

Strategie per sviluppare l'Empatia e l'Intelligenza Emotiva:

1. **Comunicazione attiva**: Ascoltare attentamente gli altri, ponendo domande e riflettendo su ciò che dicono, senza giudicare.

2. **Lettura**: Leggere romanzi o storie che esplorano profondamente i sentimenti e le emozioni dei personaggi può aiutare a sviluppare empatia.

3. **Giochi di ruolo**: Mettersi nei panni degli altri attraverso attività di recitazione o discussioni può aiutare a comprendere diverse prospettive.

4. **Riflessione quotidiana**: Dedicare del tempo ogni giorno per riflettere sulle proprie emozioni e su come sono state gestite.

5. **Esercizi di mindfulness**: La pratica della mindfulness può aiutare a sviluppare una

maggiore consapevolezza delle proprie emozioni e di quelle degli altri.

6. **Feedback**: Chiedere feedback ad amici e familiari su come si gestiscono le emozioni e le relazioni può offrire preziose intuizioni.

7. **Formazione ed educazione**: Partecipare a corsi o seminari su intelligenza emotiva e empatia.

8. **Volontariato**: Offrire il proprio tempo per cause o persone in bisogno può aiutare a sviluppare una profonda empatia.

Conclusione: L'empatia e l'intelligenza emotiva sono abilità fondamentali che gli adolescenti devono sviluppare per prosperare in un mondo interconnesso. Queste competenze possono aiutare a costruire relazioni più forti, a evitare incomprensioni e conflitti e a navigare con successo le sfide della vita. Insegnare agli adolescenti l'importanza dell'empatia e dell'intelligenza emotiva e fornire loro gli strumenti per sviluppare queste competenze può avere impatti positivi duraturi sulla loro vita.

21. Capacità di Prendere Decisioni e Pensiero Critico

Definizione: La capacità di prendere decisioni si riferisce all'abilità di scegliere tra diverse opzioni basate su una valutazione logica e informata. Il pensiero critico, d'altra parte, è l'abilità di analizzare e valutare le informazioni in modo obiettivo per formare un giudizio. Entrambe queste competenze sono cruciali per affrontare le sfide della vita quotidiana, per risolvere problemi e per sviluppare una visione autonoma e indipendente del mondo.

Importanza: Durante l'adolescenza, i ragazzi sono spesso chiamati a prendere decisioni che possono avere un impatto significativo sul loro futuro, come la scelta della scuola superiore, le amicizie o il modo in cui gestiscono situazioni complesse. Essere in grado di valutare le informazioni in modo critico e prendere decisioni informate li aiuta a navigare con sicurezza in un mondo sempre più complesso e a costruire una base solida per l'età adulta.

Aspetti chiave della Capacità di Prendere Decisioni e del Pensiero Critico nell'adolescenza:

- **Valutazione delle informazioni**: Capacità di distinguere tra fatti, opinioni e distorsioni.

- **Riconoscimento delle conseguenze**: Considerare gli effetti a breve e lungo termine delle decisioni.

- **Auto-riflessione**: Comprendere come i propri valori e pregiudizi possono influenzare il processo decisionale.

- **Risoluzione dei problemi**: Identificare soluzioni potenziali a sfide o problemi.

- **Argomentazione logica**: Capacità di costruire e comprendere argomentazioni basate su prove e ragionamenti.

Strategie per sviluppare la Capacità di Prendere Decisioni e il Pensiero Critico:

1. **Discussione aperta**: Creare spazi in cui gli adolescenti possono discutere di argomenti e questioni, permettendo loro di esplorare diverse prospettive.

2. **Esercizi di problem-solving**: Proporre scenari o problemi ipotetici e chiedere di trovare soluzioni o prendere decisioni.

3. **Analisi delle notizie**: Valutare criticamente le notizie o gli articoli, discutendo fonti, attendibilità e potenziali pregiudizi.

4. **Giochi di strategia**: I giochi che richiedono pianificazione e valutazione delle mosse future, come gli scacchi, possono affinare il pensiero critico.

5. **Auto-riflessione**: Encoraggiare gli adolescenti a riflettere sulle decisioni prese, sulle ragioni dietro tali scelte e sulle loro eventuali conseguenze.

6. **Confronto con modelli di riferimento**: Discutere le decisioni e i processi di pensiero di figure storiche o personaggi di libri, analizzandone l'efficacia e le conseguenze.

7. **Valutazione delle fonti**: Imparare a riconoscere fonti attendibili di informazione e a distinguere tra fatti e opinioni.

Conclusione: La capacità di prendere decisioni e il pensiero critico sono competenze fondamentali che gli adolescenti devono sviluppare per diventare individui informati e autonomi. Queste abilità non solo li aiutano a navigare nelle sfide quotidiane, ma li preparano anche a diventare cittadini responsabili e informati. Gli educatori, i genitori e i tutori hanno il compito di fornire opportunità e strumenti per aiutare gli adolescenti a sviluppare queste competenze essenziali.

22. Gestione del Tempo e Organizzazione

Definizione: La gestione del tempo si riferisce alla capacità di pianificare e controllare consapevolmente la quantità di tempo dedicata alle diverse attività, al fine di aumentare l'efficienza e la produttività. L'organizzazione, invece, riguarda la capacità di sistemare le cose o le attività in un ordine logico e di gestire le risorse in modo efficace.

Importanza: Man mano che gli adolescenti si avvicinano all'età adulta, le responsabilità e gli impegni tendono a moltiplicarsi: studio, sport, hobby, lavoro part-time, relazioni sociali e, eventualmente, università o formazione professionale. La capacità di gestire il proprio tempo e di organizzare efficacemente le proprie attività diventa fondamentale per evitare stress, raggiungere gli obiettivi e mantenere un equilibrio tra lavoro, studio e tempo libero.

Aspetti chiave della Gestione del Tempo e Organizzazione nell'adolescenza:

- **Pianificazione**: Stabilire obiettivi chiari e suddividerli in attività gestibili.

- **Prioritizzazione**: Riconoscere quali attività sono più importanti o urgenti.

- **Evitare la procrastinazione**: Riconoscere e superare l'abitudine di rimandare.

- **Strumenti e risorse**: Utilizzare agenda, applicazioni o altri strumenti per tracciare e pianificare attività.

- **Bilanciamento**: Trovare un equilibrio tra lavoro, studio, relax e attività sociali.

Strategie per sviluppare la Gestione del Tempo e l'Organizzazione:

1. **Stabilire routine quotidiane**: Aiuta gli adolescenti a stabilire routine quotidiane per le attività ricorrenti, come studio, pasti e sonno.

2. **Impostare obiettivi SMART**: Specifici, Misurabili, Raggiungibili, Rilevanti e Temporizzati. Questo metodo aiuta a rendere gli obiettivi più chiari e gestibili.

3. **Usare una to-do list**: Scrivere un elenco di attività da svolgere, ordinandole per priorità.

4. **Pausa e riflessione**: Dedicare del tempo regolarmente per riflettere su come viene utilizzato il tempo e su come potrebbe essere ottimizzato.

5. **Impara a dire "no"**: Riconoscere che non è possibile fare tutto; a volte è necessario rifiutare certi impegni o attività.

6. **Tecniche come la "Tecnica Pomodoro"**:
   Lavorare intensamente per 25 minuti e poi
   prendere una pausa di 5 minuti può aiutare a
   mantenere alta la concentrazione e la
   produttività.

7. **Eliminare le distrazioni**: Durante il tempo di
   studio o lavoro, mantenere l'ambiente libero da
   distrazioni, come smartphone o TV.

Conclusione: La capacità di gestire efficacemente il
proprio tempo e di organizzare le proprie attività è
un'abilità essenziale che tutti gli adolescenti
dovrebbero sviluppare. Non solo permette di
raggiungere gli obiettivi e di ridurre lo stress, ma
prepara anche gli adolescenti per le sfide dell'età
adulta, quando le responsabilità e gli impegni
diventano ancora più complessi. Con l'orientamento e
il supporto degli adulti, gli adolescenti possono
acquisire queste competenze fondamentali e utilizzarle
per prosperare in ogni ambito della loro vita.

23. Autostima e Autoaccettazione

Definizione: L'autostima si riferisce alla percezione o al giudizio di valore che una persona ha di sé stessa. L'autoaccettazione, invece, è la capacità di riconoscere, comprendere e accettare i propri pregi e difetti. Entrambe sono componenti fondamentali del benessere emotivo e psicologico.

Importanza: Durante l'adolescenza, i ragazzi attraversano molte trasformazioni fisiche, emotive e sociali. La pressione dei coetanei, le aspettative sociali e le nuove responsabilità possono mettere alla prova la loro percezione di sé. Avere una sana autostima e autoaccettazione aiuta gli adolescenti a resistere alle pressioni esterne, a prendere decisioni che riflettono i loro veri desideri e valori, e a costruire relazioni sane.

Aspetti chiave dell'Autostima e Autoaccettazione nell'adolescenza:

- **Riconoscimento delle proprie capacità**: Comprendere e valorizzare le proprie abilità, talenti e realizzazioni.

- **Accettazione dei propri difetti**: Ogni individuo ha pregi e difetti; riconoscerli e accettarli è essenziale.

- **Rispetto di sé**: Trattarsi con gentilezza e compassione, evitando l'auto-critica eccessiva.

- **Confronto sano**: Evitare di paragonarsi costantemente agli altri in modo negativo.

- **Autonomia**: Sentirsi sicuri nelle proprie decisioni e scelte.

Strategie per sviluppare l'Autostima e l'Autoaccettazione:

1. **Riconoscere e celebrare i successi**: Anche le piccole vittorie contano. Aiuta gli adolescenti a vedere e apprezzare i loro successi.

2. **Affrontare e superare le sfide**: Invece di evitare le difficoltà, incoraggiali a vedere le sfide come opportunità di crescita.

3. **Attività di riflessione**: Scrivere un diario o fare esercizi di auto-riflessione può aiutare gli adolescenti a connettersi con i loro veri sentimenti e a costruire la consapevolezza di sé.

4. **Affirmazioni positive**: Encoraggiare gli adolescenti a ripetere affermazioni positive su se stessi può rafforzare la loro autostima.

5. **Limitare le influenze negative**: Essere consapevoli delle persone o dei media che minano la loro autostima e cercare influenze più positive e costruttive.

6. **Feedback costruttivo**: Quando dai feedback, assicurati che siano equilibrati, riconoscendo sia i punti di forza che le aree di miglioramento.

7. **Role models**: Evidenziare esempi di individui che hanno un'alta autostima e autoaccettazione può servire come ispirazione e guida.

Conclusione: Costruire una sana autostima e autoaccettazione durante l'adolescenza è fondamentale per il benessere complessivo. Queste abilità non solo aiutano a navigare con sicurezza in questa fase di transizione, ma sono anche la base per costruire un'identità solida e relazioni sane in età adulta. Con il giusto sostegno e guida, gli adolescenti possono apprendere come apprezzare se stessi per ciò che sono, indipendentemente dai giudizi esterni.

24. La Comunicazione Efficace

Definizione: La comunicazione efficace è l'abilità di esprimere chiaramente le proprie idee, sentimenti e informazioni ad altri, ascoltando attivamente ciò che gli altri hanno da dire e rispondendo in modo appropriato. Questa abilità include sia la comunicazione verbale che quella non verbale.

Importanza: Man mano che gli adolescenti crescono, interagiscono con una varietà sempre maggiore di persone: insegnanti, coetanei, figure professionali, partner e altri. Saper comunicare efficacemente li aiuterà a stabilire relazioni sane, a evitare malintesi e conflitti e a esprimere adeguatamente le proprie necessità e desideri.

Aspetti chiave della Comunicazione Efficace nell'adolescenza:

- **Ascolto attivo**: Prestare attenzione a ciò che l'altra persona sta dicendo, mostrando interesse e evitando di interrompere.

- **Chiarezza**: Esprimersi in modo chiaro e diretto, evitando ambiguità.

- **Linguaggio del corpo**: Essere consapevoli di ciò che il proprio corpo comunica, come la postura, il contatto visivo e le espressioni facciali.

- **Empatia**: Mettersi nei panni dell'altro e cercare di comprendere il suo punto di vista.

- **Feedback costruttivo**: Dare e ricevere feedback in modo costruttivo e non aggressivo.

Strategie per sviluppare la Comunicazione Efficace:

1. **Role-playing**: Organizzare scenari in cui gli adolescenti possono esercitarsi nella

comunicazione, come discussioni, negoziazioni o confronti.

2. **Corsi e seminari**: Ci sono molti programmi dedicati alla comunicazione per adolescenti. Considera la possibilità di iscrivere l'adolescente a questi programmi.

3. **Lettura e scrittura**: Encoraggiare la lettura di libri e articoli sul tema della comunicazione. Anche tenere un diario può aiutare a migliorare le capacità espressive.

4. **Meditazione e consapevolezza**: Tecniche di meditazione e mindfulness possono aiutare gli adolescenti a diventare più consapevoli dei propri sentimenti e pensieri, migliorando la loro capacità di comunicarli.

5. **Analisi di situazioni reali**: Discussione e riflessione su eventi reali (ad es. un film, una notizia, un episodio nella vita reale) possono fornire spunti per comprendere come migliorare la comunicazione.

6. **Sviluppare l'intelligenza emotiva**: Riconoscere e gestire le proprie emozioni e quelle degli altri è fondamentale per una comunicazione efficace. Esercizi e attività che aumentano l'intelligenza emotiva possono essere molto utili.

7. **Imparare da errori e conflitti:** Invece di evitare o temere i conflitti, utilizzarli come opportunità per apprendere e migliorare le capacità di comunicazione.

Conclusione: La comunicazione efficace è una delle abilità più preziose che un adolescente può acquisire. Non solo migliora le relazioni e le interazioni quotidiane, ma è anche essenziale per il successo accademico, professionale e personale. Con il giusto supporto e le opportunità di apprendimento, gli adolescenti possono diventare comunicatori sicuri e competenti, pronti ad affrontare le sfide della vita adulta.

25. Gestione del Tempo e Organizzazione

Definizione: La gestione del tempo si riferisce all'abilità di pianificare e controllare consapevolmente la quantità di tempo spesa per specifiche attività, migliorando così l'efficienza e la produttività. L'organizzazione, d'altro canto, riguarda la capacità di sistemare le cose in un ordine logico e di mantenere l'ordine nella propria vita quotidiana.

Importanza: Man mano che gli adolescenti crescono, devono affrontare crescenti responsabilità: compiti scolastici, attività extrascolastiche, lavori part-time, relazioni e, per molti, la preparazione per l'università o per il mondo del lavoro. Saper gestire efficacemente il proprio tempo e organizzare le proprie attività può fare la differenza tra il sentirsi sopraffatti e il riuscire a bilanciare con successo le diverse sfide.

Aspetti chiave della Gestione del Tempo e Organizzazione nell'adolescenza:

- **Pianificazione**: Stabilire obiettivi chiari e creare un piano per raggiungerli.

- **Priorità**: Determinare quali attività sono più importanti e affrontarle per prime.

- **Riduzione delle distrazioni**: Identificare e minimizzare le distrazioni che possono ostacolare la produttività.

- **Equilibrio**: Trovare un equilibrio tra lavoro, riposo, divertimento e impegno personale.

- **Flessibilità**: Adattarsi ai cambiamenti e reagire alle situazioni impreviste senza perdere il focus.

Strategie per sviluppare la Gestione del Tempo e l'Organizzazione:

1. **Utilizzo di strumenti**: Incoraggiare l'uso di agenda, calendari, app e programmi dedicati alla pianificazione e all'organizzazione.

2. **Stabilire routine**: Creare e seguire una routine quotidiana può aiutare a strutturare il tempo in modo efficace.

3. **Tecniche di studio efficaci**: Tecniche come il metodo Pomodoro o la creazione di riassunti possono aiutare a massimizzare l'efficienza nello studio.

4. **Impostare allarmi e promemoria**: Usare allarmi per ricordare appuntamenti importanti o per prendersi delle pause durante lo studio.

5. **Imparare a dire "no"**: Gli adolescenti spesso si sentono oberati perché accettano troppi impegni. Imparare a dire "no" quando è necessario può aiutare a gestire meglio il proprio tempo.

6. **Valutazione periodica**: Ogni tanto, fare una pausa e valutare come si sta gestendo il tempo, cosa funziona e cosa potrebbe essere migliorato.

7. **Chiedere aiuto**: Se la gestione del tempo diventa troppo difficile, considera la possibilità di chiedere aiuto a un coach o a un consulente.

Conclusione: La gestione del tempo e l'organizzazione sono competenze essenziali per gli adolescenti che si avvicinano all'età adulta. Oltre a migliorare l'efficienza e la produttività, queste abilità possono anche ridurre lo stress, aumentare la fiducia in se stessi e preparare gli adolescenti per le sfide future. Con una formazione adeguata e una pratica regolare, qualsiasi adolescente può diventare un maestro nella gestione del proprio tempo e nell'organizzazione della propria vita.

26. Autostima e Autoaccettazione

Definizione: L'autostima si riferisce alla percezione o alla valutazione che un individuo ha di se stesso. Riguarda quanto una persona apprezza, ama e accetta se stessa. L'autoaccettazione, d'altro canto, riguarda il riconoscimento e l'accettazione dei propri difetti, delle proprie emozioni e delle proprie capacità, senza giudizio o desiderio di cambiamento.

Importanza: Durante l'adolescenza, il concetto di sé subisce molte trasformazioni e può essere influenzato da vari fattori, tra cui i coetanei, i media e le esperienze personali. Una solida autostima e autoaccettazione possono fornire una base stabile su cui costruire un sano sviluppo emotivo e psicologico, promuovendo decisioni positive e proteggendo dall'influenza negativa di pressioni esterne.

Aspetti chiave dell'Autostima e Autoaccettazione nell'adolescenza:

- **Consapevolezza di sé**: Conoscere e comprendere le proprie forze, debolezze, desideri e paure.

- **Valutazione positiva**: Focalizzarsi sugli aspetti positivi del proprio carattere e delle proprie capacità.

- **Accettazione delle imperfezioni**: Riconoscere che nessuno è perfetto e che gli errori e le imperfezioni fanno parte della crescita.

- **Resistenza alle pressioni esterne**: Avere la capacità di rimanere fedeli a se stessi anche di fronte a pressioni o aspettative esterne.

- **Affrontare le critiche**: Gestire le critiche in modo costruttivo, senza permettere che abbattano la propria autostima.

Strategie per sviluppare l'Autostima e l'Autoaccettazione:

1. **Auto-riflessione**: Dedica del tempo alla riflessione personale attraverso la meditazione, la scrittura o la conversazione per comprendere meglio se stessi.

2. **Impostare e raggiungere piccoli obiettivi**: Celebrare le piccole vittorie può rafforzare la fiducia in se stessi.

3. **Ricevere feedback positivo**: Circondarsi di persone che forniscono supporto e feedback positivo.

4. **Affrontare le sfide**: Mettersi alla prova e affrontare le sfide può aiutare a rafforzare l'autostima.

5. **Evitare confronti negativi**: Evita di confrontarti con gli altri in modo negativo o in base a standard irrealistici.

6. **Terapia e counseling**: In caso di problemi di autostima persistenti, considera la possibilità di cercare l'aiuto di un professionista.

7. **Attività che promuovono la consapevolezza e l'autoaccettazione**: Sport, arte, musica e altre attività possono aiutare a sviluppare la fiducia in se stessi e l'autoaccettazione.

Conclusione: L'autostima e l'autoaccettazione sono fondamentali per la salute mentale e il benessere generale di un adolescente. Questi concetti rappresentano una base solida da cui l'adolescente può affrontare le sfide e le incertezze della vita. Promuovendo un'immagine positiva di sé e accettando le proprie unicità, gli adolescenti possono crescere in individui forti, resilienti e sicuri di sé.

27. Capacità di Comunicazione Efficace

Definizione: La capacità di comunicazione riguarda la capacità di trasmettere e ricevere informazioni in modo chiaro, efficace e appropriato. La comunicazione efficace non si limita solo alle parole, ma comprende anche la lingua del corpo, l'ascolto attivo e la comprensione delle emozioni e delle intenzioni altrui.

Importanza: Nel mondo di oggi, la comunicazione gioca un ruolo cruciale in quasi ogni aspetto della vita. Che si tratti di relazioni personali, ambienti scolastici o situazioni lavorative, saper comunicare efficacemente può aiutare ad evitare malintesi, costruire relazioni solide e risolvere conflitti. Per gli adolescenti, sviluppare queste capacità può essere particolarmente utile mentre navigano attraverso i complicati anni della pubertà e delle relazioni tra coetanei.

Aspetti chiave della Capacità di Comunicazione nell'adolescenza:

- **Ascolto attivo**: Questo implica concentrarsi completamente sull'oratore, comprendere il messaggio trasmesso e rispondere in modo appropriato.

- **Espressione non verbale**: Saper interpretare e utilizzare efficacemente la comunicazione non verbale come il contatto visivo, la postura e i gesti.

- **Chiarità**: Trasmettere le proprie idee in modo chiaro e comprensibile.

- **Empatia**: Mettersi nei panni dell'altro per comprendere e condividere i loro sentimenti e prospettive.

- **Gestione dei conflitti**: Utilizzare la comunicazione per risolvere disaccordi e tensioni in modo costruttivo.

Strategie per sviluppare la Capacità di Comunicazione Efficace:

1. **Formazione e corsi**: Partecipare a corsi o workshop dedicati alle abilità comunicative.

2. **Pratica attiva**: Sfruttare le occasioni quotidiane per praticare la comunicazione, come discussioni in famiglia, presentazioni a scuola o interazioni con gli amici.

3. **Feedback**: Chiedere feedback sugli stili e le tecniche comunicative per capire dove migliorare.

4. **Lettura**: Studiare libri e risorse che si focalizzano sulla comunicazione e sullo sviluppo delle soft skills.

5. **Role-playing**: Simulare situazioni in cui la comunicazione è essenziale può aiutare a sviluppare e affinare le competenze.

6. **Meditazione e mindfulness**: Queste pratiche possono aiutare a sviluppare la consapevolezza e la presenza mentale, fondamentali per l'ascolto attivo.

7. **Partecipazione a gruppi e club**: Unirsi a club scolastici, gruppi di discussione o qualsiasi altra organizzazione che promuova la comunicazione e l'interazione.

Conclusione: La capacità di comunicare efficacemente è una competenza vitale che può influenzare significativamente la qualità delle relazioni e delle interazioni di un adolescente. Oltre a facilitare la comprensione reciproca, una buona comunicazione può costruire fiducia, promuovere empatia e aiutare nella risoluzione dei conflitti. Inculcare queste abilità in un adolescente può equipaggiarlo con gli strumenti necessari per navigare con successo nelle sfide della vita.

28. Gestione del Tempo e Organizzazione

Definizione: La gestione del tempo si riferisce all'abilità di pianificare e controllare quanto tempo si dedica alle specifiche attività, al fine di aumentare l'efficacia, l'efficienza e la produttività. L'organizzazione, d'altra parte, riguarda la sistemazione delle risorse (come il tempo, gli spazi e gli strumenti) in un modo che ottimizza l'efficienza e riduce il caos.

Importanza: L'adolescenza è un periodo in cui le responsabilità aumentano rapidamente: scuola, hobby, lavoro part-time, relazioni, e così via. Senza una gestione efficace del tempo e capacità organizzative, gli adolescenti possono sentirsi sopraffatti, stressati e incapaci di raggiungere i loro obiettivi. Queste competenze sono essenziali non solo per il successo accademico, ma anche per la vita in generale.

Aspetti chiave della Gestione del Tempo e Organizzazione nell'adolescenza:

- **Pianificazione**: Prevedere le attività e distribuirle in modo equilibrato lungo la giornata o la settimana.

- **Priorità**: Determinare quali compiti sono più urgenti o importanti e affrontarli per primi.

- **Evitare la procrastinazione**: Riconoscere quando si sta rimandando qualcosa e adottare strategie per superare l'inerzia.

- **Strumenti di organizzazione**: Sfruttare strumenti come agende, applicazioni di pianificazione o promemoria.

- **Ambiente di studio**: Creare un ambiente privo di distrazioni per studiare o lavorare su progetti.

Strategie per sviluppare la Gestione del Tempo e l'Organizzazione:

1. **Stabilire routine quotidiane**: Adottare una routine quotidiana può aiutare a rendere le attività più prevedibili e gestibili.

2. **Impostare obiettivi chiari**: Conoscere la direzione in cui si vuole andare può aiutare a organizzare il proprio tempo intorno a quegli obiettivi.

3. **Usare la tecnologia con saggezza**: Mentre ci sono molte applicazioni che possono aiutare con l'organizzazione, è essenziale evitare la sovraccarica di informazioni e le distrazioni digitali.

4. **Prendersi delle pause**: Lavorare o studiare in blocchi con brevi pause intermedie può migliorare la produttività e prevenire l'esaurimento.

5. **Rivedere e adattare**: Alla fine di ogni settimana o mese, fare un bilancio su come è stato gestito il tempo e fare i necessari aggiustamenti.

6. **Imparare a dire "no"**: Non ogni opportunità o richiesta deve essere accettata. È importante valutare ciò che si adatta alla propria pianificazione e agli obiettivi personali.

7. **Formazione e corsi**: Partecipare a corsi o workshop dedicati alla gestione del tempo e alle competenze organizzative.

Conclusione: Sviluppare competenze solide di gestione del tempo e organizzazione durante l'adolescenza può avere un impatto profondo sul successo futuro. Queste capacità possono ridurre lo stress, aumentare la produttività e fornire un senso di controllo nella vita di un adolescente. Con le giuste strategie e pratica, gli adolescenti possono padroneggiare queste abilità essenziali e affrontare le sfide con maggiore sicurezza e preparazione.

29. Stabilire e Mantenere Confini Personali

Definizione: I confini personali si riferiscono a regole o limiti che una persona stabilisce per definire fino a che punto gli altri possono entrare nel suo spazio fisico o emotivo. Questi confini possono essere fisici, emotivi, sessuali, spirituali o riguardanti il tempo. I confini aiutano a proteggere la propria salute mentale, fisica e emotiva.

Importanza: Durante l'adolescenza, i ragazzi spesso esplorano le relazioni e cercano di capire se stessi in relazione agli altri. Senza confini chiari, possono trovarsi in situazioni in cui si sentono sfruttati, manipolati o violati. Inoltre, stabilire confini è essenziale per l'autostima, la responsabilità personale e la capacità di avere relazioni sane.

Aspetti chiave della creazione di Confini nell'adolescenza:

- **Autoconsapevolezza**: Riconoscere e comprendere i propri bisogni, valori e limiti.

- **Comunicazione**: Esprimere chiaramente ai propri amici, partner e familiari ciò di cui si ha bisogno e cosa si considera inaccettabile.

- **Ascolto**: Osservare le proprie reazioni emotive nelle diverse situazioni e ascoltare ciò che queste reazioni stanno cercando di comunicare.

- **Rispetto reciproco**: Ogni individuo ha diritto ai propri confini, ed è fondamentale rispettare anche quelli degli altri.

Strategie per stabilire e mantenere confini personali:

1. **Auto-riflessione**: Prendersi del tempo per riflettere sui propri valori, bisogni e limiti.

2. **Rafforzare l'assertività**: Praticare modi per comunicare i propri confini in maniera chiara e assertiva, senza essere aggressivi o passivi.

3. **Evitare situazioni tossiche**: Riconoscere e distanziarsi da situazioni o persone che ripetutamente violano i propri confini.

4. **Cercare supporto**: Parlarne con persone di fiducia, come amici, familiari o consulenti, può offrire ulteriori prospettive e rafforzare la capacità di stabilire confini.

5. **Educarsi**: Leggere libri o partecipare a seminari su come stabilire e mantenere confini sani.

6. **Imparare a dire "no"**: Sviluppare la capacità di rifiutare richieste o situazioni che non si allineano con i propri valori o bisogni.

7. **Mantenere coerenza**: Una volta stabiliti, è essenziale mantenere i confini. La coerenza rafforza la fiducia in se stessi e comunica agli altri che si è seri riguardo ai propri limiti.

Conclusione: Stabilire e mantenere confini sani è fondamentale per la crescita personale e il benessere durante l'adolescenza. Questi confini non solo proteggono gli adolescenti da potenziali danni, ma li aiutano anche a costruire relazioni più profonde, autentiche e reciprocamente rispettose con gli altri. Mentre il processo può richiedere coraggio e pratica, i benefici di avere confini chiari sono inestimabili per il successo e la felicità a lungo termine.

30. La Resilienza: Affrontare le Avversità e Riprendersi dai Colpi della Vita

Definizione: La resilienza è la capacità di affrontare le avversità, adattarsi alle sfide, recuperare e crescere da esperienze difficili. Si tratta di una combinazione di tratti personali, competenze e supporti esterni che consentono a un individuo di navigare attraverso le tempeste della vita e emergere più forte.

Importanza: Durante l'adolescenza, i giovani sono spesso esposti a nuove sfide, sia personali che esterne, che possono variare da problemi scolastici a difficoltà nelle relazioni o a problemi familiari. Avere la resilienza non solo aiuta gli adolescenti a superare questi ostacoli, ma li prepara anche a affrontare le sfide future nella vita adulta con maggiore fiducia e capacità.

Aspetti chiave della Resilienza nell'adolescenza:

- **Ottimismo realistico**: Credere nella propria capacità di superare le sfide, pur riconoscendo la realtà della situazione.

- **Autoefficacia**: La convinzione che si può affrontare con successo le sfide e raggiungere gli obiettivi desiderati.

- **Risoluzione dei problemi**: Sviluppare strategie per affrontare e superare gli ostacoli.

- **Supporto sociale**: Avvalersi della rete di supporto di familiari, amici e mentori.

Strategie per sviluppare la Resilienza:

1. **Accettare che il cambiamento fa parte della vita**: Riconoscere che la vita è in costante evoluzione e che le sfide sono temporanee.

2. **Impostare obiettivi realistici**: Fissare piccoli obiettivi e avanzare verso di essi può aiutare a sentire un senso di realizzazione e propulsione.

3. **Coltivare relazioni positive**: Mantenere relazioni strette con amici e familiari può fornire sostegno e rafforzamento durante i tempi difficili.

4. **Sviluppare competenze comunicative**: Essere in grado di esprimere i propri sentimenti e bisogni può aiutare a navigare attraverso le avversità.

5. **Evitare di vedere le crisi come insormontabili**: Anche se non si può cambiare un evento stressante, si può cambiare la reazione ad esso.

6. **Prendersi cura di se stessi**: Attività come il mangiare sano, l'esercizio fisico e il sonno adeguato possono aumentare la resistenza allo stress.

7. **Cercare opportunità di autoscoperta**: Le avversità spesso offrono l'opportunità di imparare qualcosa di nuovo su se stessi.

8. **Accettare aiuto quando necessario**: Riconoscere quando si ha bisogno di aiuto e cercarlo non è un segno di debolezza, ma di forza.

Conclusione: La resilienza è una delle competenze più preziose che un adolescente può sviluppare. Anche se l'adolescenza può presentare molte sfide, è anche un periodo di crescita, scoperta e formazione. Con la giusta guida, supporto e strumenti, gli adolescenti possono imparare a diventare resilienti, preparandosi a affrontare le avversità future con determinazione e coraggio. La resilienza non solo li aiuta a superare le sfide, ma li rende anche individui più forti, empatici e preparati per il futuro.

31. Gestione del Tempo: Pianificazione e Priorità per il Successo

Definizione: La gestione del tempo si riferisce all'abilità di pianificare e controllare il tempo trascorso su specifiche attività, specialmente per aumentare l'efficienza o la produttività. È un aspetto cruciale per raggiungere obiettivi sia a breve che a lungo termine.

Importanza: L'adolescenza è un periodo caratterizzato da numerose attività, responsabilità e obiettivi, tra cui studiare, partecipare ad attività extracurricolari, socializzare e, per alcuni, lavorare. Saper gestire il proprio tempo in modo efficace può fare la differenza tra il sentirsi sovraccaricati e stressati e il raggiungere equilibrio e successo in tutte le aree della vita.

Aspetti chiave della Gestione del Tempo nell'adolescenza:

- **Autodisciplina**: La capacità di controllare e motivare se stessi, specialmente in assenza di stimolazione esterna, è essenziale per una gestione efficace del tempo.

- **Pianificazione**: Anticipare e organizzare le attività in modo da massimizzare l'efficienza.

- **Prioritizzazione**: Identificare e concentrarsi sulle attività più importanti che contribuiscono in modo significativo agli obiettivi personali.

- **Delega**: Riconoscere quando è possibile e vantaggioso assegnare compiti o responsabilità ad altri.

Strategie per una buona Gestione del Tempo:

1. **Usa uno strumento di pianificazione**: Che si tratti di un'agenda tradizionale, di un'app di

pianificazione o di un semplice quaderno, registrare le attività e gli impegni aiuta a visualizzare e gestire il tempo.

2. **Definisci le tue priorità**: Stabilisci ciò che è davvero importante per te e concentra la tua energia su queste attività.

3. **Evita la procrastinazione**: Se tendi a rimandare, cerca di capire perché e lavora su strategie per superare questo ostacolo, come suddividere compiti grandi in parti più gestibili.

4. **Imposta obiettivi realistici**: Avere aspettative chiare e raggiungibili ti aiuterà a non sentirsi sopraffatto e a rimanere motivato.

5. **Impara a dire "no"**: Non puoi fare tutto. Riconoscere i tuoi limiti e imparare a rifiutare gentilmente richieste o opportunità che non si allineano con le tue priorità.

6. **Prenditi delle pause**: Periodi brevi di riposo tra le attività possono migliorare la produttività e la creatività.

7. **Rivedi e adatta**: Alla fine di ogni settimana, rivedi come hai speso il tuo tempo e adatta la tua pianificazione di conseguenza.

Conclusione: La gestione efficace del tempo è una delle competenze più preziose che un adolescente può acquisire. Non solo prepara per il successo nell'istruzione e nelle future carriere, ma promuove anche un equilibrio tra lavoro, divertimento e relax. Con il mondo sempre più frenetico di oggi, saper gestire il proprio tempo in modo efficace è essenziale per una vita equilibrata e soddisfacente.

32. Intelligenza Emotiva: Comprendere e Gestire le Proprie Emozioni

Definizione: L'intelligenza emotiva si riferisce alla capacità di riconoscere, comprendere, gestire e utilizzare efficacemente le proprie emozioni in modo positivo. Questo comprende anche la capacità di riconoscere e rispondere alle emozioni degli altri.

Importanza: L'adolescenza è un periodo di grandi cambiamenti emotivi. Le pressioni scolastiche, le relazioni sociali, l'affermazione dell'identità e la ricerca di un posto nel mondo possono portare a forti emozioni e sfide. L'intelligenza emotiva aiuta gli adolescenti a navigare in questi cambiamenti e a costruire relazioni più sane, ad affrontare le sfide e a prendere decisioni informate.

Aspetti chiave dell'Intelligenza Emotiva nell'adolescenza:

- **Autoconsapevolezza**: Riconoscere e comprendere le proprie emozioni in tempo reale.

- **Autoregolazione**: La capacità di gestire e controllare le proprie emozioni, anche nelle situazioni più difficili.

- **Motivazione**: Usare le proprie emozioni per motivare e guidare il comportamento verso obiettivi e desideri.

- **Empatia**: Comprendere e condividere i sentimenti degli altri.

- **Abilità interpersonali**: Utilizzare la consapevolezza emotiva nelle interazioni con gli altri, favorendo comunicazioni efficaci e relazioni positive.

Strategie per sviluppare l'Intelligenza Emotiva:

1. **Pratica la riflessione personale**: Dedicare tempo ogni giorno per riconoscere e riflettere sulle proprie emozioni e su come influenzano il comportamento.

2. **Ricerca feedback**: Chiedere agli amici, familiari o insegnanti come percepiscono le tue reazioni emotive può offrire preziose intuizioni.

3. **Sviluppa l'ascolto attivo**: Quando parli con gli altri, ascolta attentamente senza interrompere o formulare risposte mentali, cercando di comprendere pienamente ciò che stanno condividendo.

4. **Pratica la risposta, non la reazione**: Quando ti senti sopraffatto dalle emozioni, prenditi un momento per respirare e riflettere prima di agire.

5. **Cerca opportunità di empatia**: Mettiti nei panni degli altri per cercare di comprendere il loro punto di vista e i loro sentimenti.

6. **Studia le emozioni**: Leggi libri, partecipa a workshop o segui corsi sull'intelligenza emotiva per approfondire la tua comprensione.

Conclusione: L'intelligenza emotiva non solo aiuta gli adolescenti a gestire i propri sentimenti, ma li prepara anche a interagire efficacemente con gli altri in vari contesti, sia personali che professionali. In un mondo in cui la capacità di collaborare e comunicare con gli altri è sempre più preziosa, l'intelligenza emotiva diventa una competenza essenziale per il successo e il benessere a lungo termine. È uno strumento fondamentale per costruire relazioni autentiche, prendere decisioni consapevoli e navigare nel complesso paesaggio emotivo dell'adolescenza e oltre.

33. L'importanza dell'Integrità: Essere Veri con Se Stessi e Gli Altri

Definizione: L'integrità può essere definita come l'aderenza a principi morali e etici, la sincerità e l'onestà. È la qualità di una persona che fa ciò che dice e vive in coerenza con i propri valori e credenze.

Importanza: Vivere con integrità fornisce una bussola morale che guida le decisioni e le azioni quotidiane. Questa bussola interiore può aiutare un adolescente a navigare attraverso le sfide, le tentazioni e le pressioni sociali, assicurando che le sue azioni siano allineate ai suoi valori.

Aspetti chiave dell'Integrità nell'adolescenza:

- **Autenticità**: Essere veri con se stessi, evitando di indossare "maschere" o di conformarsi alle aspettative degli altri a discapito della propria verità interiore.

- **Responsabilità**: Riconoscere e assumersi la responsabilità delle proprie azioni, sia in positivo che in negativo.

- **Onestà**: Dire la verità, anche quando potrebbe essere scomodo o portare a conseguenze indesiderate.

- **Consistenza**: Fare ciò che si dice e agire in modo coerente con i propri valori e principi.

Strategie per sviluppare l'Integrità:

1. **Auto-riflessione**: Dedica tempo per riflettere sui tuoi valori e principi. Questo può aiutarti a capire ciò che è veramente importante per te e a guidare le tue decisioni e azioni.

2. **Cerca modelli di riferimento**: Identifica persone nella tua vita o nella storia che incarnano l'integrità. Studia le loro vite, leggi le loro storie e cerca di capire come hanno mantenuto la loro integrità di fronte alle sfide.

3. **Imposta standard elevati**: Stabilisci aspettative elevate per te stesso. Anche se non sei sempre perfetto, avrai una guida su cui tornare.

4. **Parla con gli altri**: Condividi i tuoi valori e principi con amici e familiari. Essi possono offrire sostegno e tenerti responsabile.

5. **Affronta le tentazioni**: Riconosci le situazioni in cui potresti essere tentato di compromettere la tua integrità e pianifica in anticipo come gestirle.

6. **Cerca il feedback**: Se non sei sicuro delle tue azioni o delle tue decisioni, parla con qualcuno di fiducia e cerca la loro opinione.

Conclusione: L'integrità non è solo un concetto astratto; è un modo di vivere. Per gli adolescenti, sviluppare un forte senso di integrità può offrire una base solida su cui costruire il resto della loro vita. Può aiutarli a creare relazioni autentiche, a prendere decisioni che rispecchiano chi sono veramente e a vivere una vita di cui possono essere orgogliosi. In un mondo in cui le persone sono spesso valutate per ciò che possiedono o per come appaiono, l'integrità si distingue come una qualità di inestimabile valore. Essa rappresenta la bussola interiore che guida una persona attraverso la vita, assicurando che ogni passo sia intrapreso con verità, onestà e coerenza.

34. La Resilienza: Affrontare le Avversità e Rialzarsi

Definizione: La resilienza è la capacità di adattarsi e recuperare di fronte alle avversità, ai traumi, alle tragedie, alle minacce o a fonti significative di stress. Essa rappresenta la capacità di "rimbalzare" da esperienze difficili, diventando più forti e più determinati.

Importanza: Durante l'adolescenza, i giovani affrontano una serie di sfide, da quelle quotidiane come gestire lo stress legato alla scuola, a eventi più gravi come la perdita di un caro o problemi familiari. La resilienza non solo aiuta a superare queste sfide, ma consente anche di sviluppare strumenti per affrontare future avversità.

Aspetti chiave della Resilienza nell'adolescenza:

- **Autocomprensione**: Riconoscere le proprie emozioni, comprenderle e sapere come gestirle di fronte alle avversità.

- **Ottimismo realistico**: Mantenere una visione positiva della vita, pur riconoscendo e affrontando le realtà delle sfide.

- **Soluzione dei problemi**: La capacità di affrontare sfide o problemi in modo creativo e costruttivo.

- **Rete di sostegno**: Avere persone di fiducia a cui rivolgersi durante i momenti difficili, che offrono supporto e comprensione.

Strategie per sviluppare la Resilienza:

1. **Stabilisci connessioni**: Mantieni buoni rapporti con la famiglia e gli amici. Queste connessioni fungeranno da rete di sicurezza durante i tempi difficili.

2. **Accetta che il cambiamento fa parte della vita**: Adattati alle situazioni stressanti

riconoscendo che il cambiamento è inevitabile e cerca di adattarti piuttosto che resistere.

3. **Imposta obiettivi realistici**: Stabilisci obiettivi raggiungibili e compi passi concreti per avvicinarti a loro. Sentirsi realizzati aiuta a rafforzare la resilienza.

4. **Prenditi una pausa**: Assicurati di dedicare tempo per rilassarti e fare ciò che ami, fornendo una necessaria pausa dallo stress.

5. **Sviluppa una visione positiva di te stesso**: Coltiva la fiducia nella tua capacità di risolvere i problemi e di prendere decisioni efficaci.

6. **Cerca opportunità di autoscoperta**: Le avversità e le sfide possono insegnarti molto su chi sei. Cerca le lezioni nascoste nelle situazioni difficili.

Conclusione: La resilienza non è un tratto che le persone hanno o non hanno; è piuttosto qualcosa che si può costruire e rafforzare nel tempo. Per gli adolescenti, imparare ad essere resilienti può significare la differenza tra affrontare efficacemente le avversità o sentirsi sopraffatti da esse. La resilienza offre una sorta di armatura contro le sfide della vita, permettendo agli adolescenti di affrontare le avversità con coraggio e determinazione, e di emergere da esse più forti e più capaci di prima. Nel viaggio verso l'età adulta, la resilienza è una delle competenze più preziose che un giovane può sviluppare, fornendo una base solida su cui costruire una vita di successo, felicità e benessere.

35. La Gestione del Tempo: Organizzare e Prioritizzare per il Successo

Definizione: La gestione del tempo è l'abilità di organizzare e pianificare come dividere il proprio tempo tra specifiche attività. Consente di lavorare in modo più intelligente e non più duro, in modo da ottenere di più in meno tempo, anche quando il tempo è limitato e le pressioni sono alte.

Importanza: Durante l'adolescenza, le responsabilità aumentano in modo esponenziale. Tra la scuola, gli impegni extra-curriculari, gli amici, la famiglia e, per alcuni, anche il lavoro part-time, può diventare una vera sfida bilanciare tutto. Una buona gestione del tempo non solo aiuta a mantenere il controllo e a ridurre lo stress, ma sviluppa anche abilità essenziali per la futura vita adulta e professionale.

Aspetti chiave della Gestione del Tempo nell'adolescenza:

- **Autodisciplina**: La capacità di resistere alla procrastinazione e di focalizzarsi sul completamento delle attività.

- **Prioritizzazione**: Determinare l'ordine di importanza delle attività e focalizzarsi sul completamento di quelle di primaria importanza.

- **Pianificazione**: La capacità di prevedere e allocare il tempo necessario per completare compiti o progetti.

- **Flessibilità**: Riconoscere quando è necessario adattare o cambiare il piano originale in base a nuove informazioni o circostanze.

Strategie per sviluppare una buona Gestione del Tempo:

1. **Crea una routine quotidiana**: Una routine ti aiuta a creare delle abitudini che ti permetteranno di completare le attività in modo efficiente.

2. **Usa strumenti di pianificazione**: Che si tratti di un'agenda cartacea, di un'applicazione per smartphone o di un calendario, trova lo strumento che ti aiuta meglio a organizzare e tenere traccia dei tuoi impegni.

3. **Imposta obiettivi chiari**: Sii specifico su ciò che vuoi raggiungere. Dividi gli obiettivi più grandi in compiti più piccoli e gestibili.

4. **Impara a dire "no"**: Non puoi fare tutto. Imparare a dire "no" ti aiuterà a concentrarti su ciò che è veramente importante.

5. **Pianifica momenti di pausa**: Non tutto il tuo tempo dovrebbe essere pianificato. Lascia spazio per rilassarti, riflettere e ricaricare.

6. **Evita la procrastinazione**: Riconosci le tue principali distrazioni e sviluppa strategie per minimizzarle quando è il momento di lavorare o studiare.

Conclusione: La gestione efficace del tempo è una delle competenze più preziose che un adolescente può acquisire. Non solo aiuta a bilanciare le molteplici responsabilità e ridurre lo stress, ma prepara anche gli adolescenti per le sfide della vita adulta. Mentre le responsabilità e le pressioni aumentano, la capacità di gestire il proprio tempo diventa sempre più essenziale. Investire tempo e sforzi nell'apprendimento e nella pratica di strategie di gestione del tempo può portare a una maggiore soddisfazione personale, successo accademico e, in ultima analisi, a una vita più equilibrata e produttiva.

36. Empatia: Camminare nelle Scarpe degli Altri

Definizione: L'empatia è la capacità di comprendere e condividere i sentimenti di un'altra persona, cercando di vedere le situazioni dal loro punto di vista. È l'abilità di "mettersi nei panni" degli altri e di rispondere alle loro emozioni in modo appropriato.

Importanza: L'empatia è fondamentale per costruire relazioni sane e significative. Nell'adolescenza, una fase in cui si formano nuove amicizie, si sperimentano nuove dinamiche sociali e si naviga in un mondo di emozioni in continua evoluzione, l'empatia può essere una bussola. Essa aiuta non solo a stabilire connessioni più profonde con gli altri, ma anche a sviluppare una maggiore consapevolezza sociale e una capacità di risoluzione dei conflitti.

Aspetti chiave dell'Empatia nell'adolescenza:

- **Ascolto attivo**: La capacità di ascoltare gli altri senza giudizio, offrendo la propria piena attenzione.

- **Riconoscimento delle emozioni**: Identificare e comprendere le emozioni negli altri, non solo attraverso le parole, ma anche attraverso il linguaggio del corpo e il tono di voce.

- **Risposta compassionevole**: Offrire sostegno, conforto o aiuto quando è appropriato.

- **Auto-riflessione**: Riconoscere e riflettere sulle proprie emozioni e su come queste influenzano la propria reazione alle emozioni degli altri.

Strategie per sviluppare l'Empatia:

1. **Pratica l'ascolto attivo**: Quando qualcuno ti parla, fai uno sforzo per focalizzarti veramente su ciò che sta dicendo, evitando di interrompere o di formulare una risposta mentale prima che abbiano finito.

2. **Fai domande aperte**: Invece di fare supposizioni, poni domande che permettano all'altra persona di esprimere pienamente i propri sentimenti e pensieri.

3. **Evita il giudizio**: Sforzati di mantenere una mentalità aperta e non giudicare le emozioni o le reazioni degli altri.

4. **Esplora diverse prospettive**: Quando leggi libri, guardi film o ascolti storie, prova a metterti nella posizione dei vari personaggi e considera le loro emozioni e motivazioni.

5. **Pratica la gratitudine**: Riconoscere e apprezzare la gentilezza e il sostegno degli altri

può aiutare a sviluppare una maggiore connessione emotiva con loro.

Conclusione: L'empatia è una competenza essenziale per costruire e mantenere relazioni forti e sane. È la chiave per comprendere gli altri a un livello più profondo e per navigare con successo nelle complesse dinamiche sociali dell'adolescenza e oltre. In un mondo in cui le divisioni possono facilmente formarsi, l'empatia funge da ponte, creando comprensione e unità. Gli adolescenti che sviluppano una forte capacità empatica sono meglio attrezzati per affrontare conflitti, costruire amicizie durature e diventare cittadini compassionevoli e comprensivi del mondo.

37. Autostima: Il Fondamento della Tua Identità e Autopercezione

Definizione: L'autostima si riferisce al senso di valore, rispetto e apprezzamento che una persona ha per se stessa. È una valutazione complessiva e profonda che si ha di sé come individuo. L'autostima può influenzare le decisioni, le azioni, gli obiettivi e le interazioni con gli altri.

Importanza: Durante l'adolescenza, ci sono molteplici sfide e cambiamenti – sia fisici che emotivi – che possono influenzare la percezione di sé. Un'adeguata autostima è cruciale in questo periodo di vita perché può influire su come un adolescente affronta le sfide, si relaziona con gli altri e pianifica il futuro. Una sana autostima può portare a una maggiore resilienza, ad una migliore salute mentale e a decisioni più ponderate.

Aspetti chiave dell'Autostima nell'adolescenza:

- **Auto-accettazione**: Riconoscere e accettare i propri punti di forza e debolezze.

- **Auto-rispetto**: Trattare se stessi con gentilezza e comprensione, evitando l'auto-critica eccessiva.

- **Credenza in sé stessi**: Avere fiducia nelle proprie capacità e nel proprio valore.

- **Indipendenza di giudizio**: Valutare se stessi senza basarsi eccessivamente sull'opinione degli altri.

Strategie per sviluppare una sana Autostima:

1. **Auto-riflessione**: Dedica del tempo a riflettere sulle tue realizzazioni, sui tuoi valori e su ciò che apprezzi di te stesso.

2. **Imposta obiettivi realizzabili**: Porsi obiettivi raggiungibili e lavorare per realizzarli può rafforzare la fiducia in sé stessi.

3. **Cerca feedback positivo**: Circondati di persone che ti supportano e che riconoscono i tuoi successi e i tuoi sforzi.

4. **Evita il confronto**: Ogni persona è unica. Confrontarsi continuamente con gli altri può portare a sentimenti di inadeguatezza. Celebra ciò che ti rende unico.

5. **Pratica l'autocompassione**: Quando commetti un errore o affronti un fallimento, trattati con la stessa gentilezza con cui tratteresti un amico.

Conclusione: L'autostima è un pilastro fondamentale nella formazione dell'identità di un individuo. Durante l'adolescenza, la costruzione di una sana autostima può avere ripercussioni positive che si estendono ben oltre questi anni formativi. Aiuta gli adolescenti a navigare con fiducia attraverso le sfide, a stabilire relazioni sane e a perseguire ambizioni con determinazione. Nutrire e coltivare l'autostima durante questi anni critici può porre le basi per una vita adulta equilibrata, felice e soddisfacente.

38. Gestione dello Stress: Navigare tra le Pressioni della Vita

Definizione: La gestione dello stress riguarda l'insieme di tecniche, strumenti e metodi utilizzati per riconoscere, affrontare e ridurre lo stress nella vita di tutti i giorni. Lo stress è una risposta naturale del corpo a situazioni percepite come minacciose o impegnative, ma quando diventa cronico o troppo intenso, può avere effetti negativi sulla salute mentale e fisica.

Importanza: L'adolescenza è un periodo di rapidi cambiamenti e sfide: scuola, relazioni, aspettative familiari, e l'evoluzione dell'identità personale. Tutti questi fattori possono generare stress. Imparare a gestire efficacemente lo stress durante questi anni critici può prevenire problemi di salute mentale, migliorare le prestazioni scolastiche e rafforzare le relazioni interpersonali.

Aspetti chiave della Gestione dello Stress nell'adolescenza:

- **Riconoscimento**: Identificare i segnali e i sintomi dello stress, come ansia, insonnia, irritabilità o problemi di concentrazione.

- **Comprensione delle cause**: Capire ciò che causa lo stress può aiutare a sviluppare strategie efficaci per affrontarlo.

- **Tecniche di rilassamento**: Esplorare e adottare metodi come la meditazione, la respirazione profonda e lo stretching.

- **Gestione del tempo**: Organizzare e pianificare le attività può ridurre il senso di essere sopraffatti.

Strategie per una efficace Gestione dello Stress:

1. **Tecniche di respirazione**: La respirazione profonda e controllata può aiutare a calmare la mente e il corpo.

2. **Attività fisica**: L'esercizio può funzionare come una valvola di sfogo per lo stress, liberando endorfine che migliorano l'umore.

3. **Gestione del tempo**: Utilizzare agende o app per pianificare le attività, assegnando momenti specifici per lo studio, il lavoro e il relax.

4. **Limitare l'esposizione ai media**: Troppe notizie o troppo tempo trascorso sui social media possono aumentare lo stress. È importante fare pause regolari.

5. **Collegarsi con gli altri**: Parlare con qualcuno di fiducia, che sia un amico, un familiare o un consulente, può aiutare a mettere le cose in prospettiva.

6. **Praticare hobby e attività creative**: Trovare un'attività che si ama può distogliere la mente dalle pressioni quotidiane.

Conclusione: La gestione dello stress non è solo una competenza essenziale per l'adolescenza, ma è una capacità che servirà per tutta la vita. Navigare attraverso le pressioni e le aspettative dell'adolescenza può essere difficile, ma con gli strumenti e le strategie giuste, gli adolescenti possono emergere più resilienti, equilibrati e pronti ad affrontare le sfide future con fiducia.

39. L'Importanza dell'Ascolto Attivo: Comprendere Gli Altri al Meglio

Definizione: L'ascolto attivo è una forma di comunicazione in cui l'ascoltatore si impegna pienamente a comprendere il parlante, non solo ascoltando le parole, ma anche percependo il tono di voce, le sfumature emotive e il linguaggio del corpo. Implica una presenza mentale totale, evitando distrazioni e dando feedback costruttivo.

Importanza: Molte incomprensioni e conflitti nascono da una mancata comunicazione o da una comunicazione inadeguata. L'adolescenza è un periodo in cui le relazioni diventano più complesse e profonde. Saper ascoltare attivamente può migliorare le relazioni, evitare incomprensioni e aiutare gli adolescenti a sentirsi più connessi con gli altri.

Aspetti chiave dell'Ascolto Attivo nell'adolescenza:

- **Concentrazione**: Evitare distrazioni, come il proprio telefono o altri stimoli, e concentrarsi pienamente sul parlante.

- **Non interrompere**: Attendere che il parlante abbia finito prima di rispondere o fare domande.

- **Rispecchiare**: Riflettere ciò che si è sentito per assicurarsi di aver compreso correttamente.

- **Chiedere chiarimenti**: Se qualcosa non è chiaro, è importante chiedere ulteriori informazioni o dettagli.

- **Evitare giudizi**: Mantenere una mente aperta e non formulare giudizi o opinioni mentre si ascolta.

Strategie per praticare l'Ascolto Attivo:

1. **Mantenere il contatto visivo**: Questo dimostra interesse e attenzione verso il parlante.

2. **Fare domande aperte**: Invece di domande che richiedono risposte "sì" o "no", fare domande che incoraggiano una discussione più profonda.

3. **Riconoscere emozioni**: Ad esempio, "Sembra che tu sia davvero frustrato riguardo a questo."

4. **Evitare di pianificare una risposta mentre si ascolta**: Questo distoglie dalla vera comprensione del messaggio del parlante.

5. **Praticare l'empatia**: Mettersi nei panni dell'altro e cercare di capire i suoi sentimenti e il suo punto di vista.

Conclusione: L'ascolto attivo è una competenza fondamentale che va ben oltre l'adolescenza. È essenziale in tutte le relazioni, sia personali che professionali. Per gli adolescenti, può essere una chiave per costruire relazioni più forti e comprensive, aiutandoli a navigare attraverso i complessi anni della giovinezza. Praticando l'ascolto attivo, gli adolescenti possono costruire ponti di comprensione, ridurre i conflitti e arricchire le loro interazioni con gli altri.

40. L'arte della Resilienza: Affrontare le Sfide con Forza e Determinazione

Definizione: La resilienza è la capacità di adattarsi e recuperare da avversità, traumi, tragedie e altre fonti di stress. Più che una singola abilità, la resilienza è un insieme di comportamenti, pensieri e azioni che possono essere appresi e sviluppati nel corso della vita.

Importanza: Nella vita, incontrare ostacoli e affrontare momenti difficili è inevitabile. Per un adolescente, questi momenti possono includere difficoltà accademiche, conflitti familiari, relazioni difficili con i coetanei o altri problemi personali. Sviluppare la resilienza può aiutare un giovane a navigare attraverso queste sfide senza essere sopraffatto, aprendo la via a un recupero più veloce e a un futuro più positivo.

Aspetti chiave della Resilienza nell'adolescenza:

- **Autoconsapevolezza**: Riconoscere le proprie emozioni e come influenzano il comportamento.

- **Ottimismo realistico**: Mantenere una visione positiva della vita, pur riconoscendo e affrontando le realtà delle sfide.

- **Abilità di problem-solving**: Trovare soluzioni efficaci ai problemi piuttosto che evitare o negare le difficoltà.

- **Rete di supporto**: Avere persone di fiducia con cui parlare e su cui contare nei momenti difficili.

- **Autocura**: Riconoscere l'importanza di prendersi cura di sé, sia fisicamente che emotivamente.

Strategie per sviluppare la Resilienza:

1. **Mettere le cose in prospettiva**: Anche se le sfide sembrano schiaccianti, è importante vedere l'immagine più grande e cercare di vedere le difficoltà in un contesto più ampio.

2. **Imparare dalle esperienze passate**: Guardare indietro alle volte in cui si è superata una sfida può dare fiducia nella capacità di superare le difficoltà future.

3. **Accettare che il cambiamento fa parte della vita**: Adattarsi al cambiamento piuttosto che temerlo può aumentare la resilienza.

4. **Impostare obiettivi realistici**: Stabilire piccoli passi da fare verso la risoluzione di un problema può aiutare a sentirsi meno sopraffatti.

5. **Mantenere una routine**: Avere una routine quotidiana può fornire una sensazione di normalità.

6. **Cercare opportunità di autoscoperta**: Le sfide e le avversità possono essere viste come opportunità per crescere e apprendere su se stessi.

Conclusione: La resilienza non significa evitare le difficoltà o non sentirsi mai angosciati. Significa avere gli strumenti e la mentalità per affrontare le sfide e uscirne più forti. Per gli adolescenti, sviluppare la resilienza può fornire una base solida su cui costruire una vita adulta equilibrata e soddisfacente. Con il supporto, l'orientamento e la pratica, ogni adolescente può coltivare questa preziosa qualità.

41. Gestire il Tempo e la Procrastinazione: Organizzare la Vita per il Successo

Definizione: La gestione del tempo riguarda l'organizzazione e la pianificazione di come suddividere il proprio tempo tra specifiche attività. La procrastinazione, d'altra parte, è il ritardo o l'evitamento di compiti che devono essere completati. Saper gestire il proprio tempo e combattere la procrastinazione sono abilità fondamentali per raggiungere obiettivi e ridurre lo stress.

Importanza: Durante l'adolescenza, le responsabilità aumentano: c'è la scuola, gli impegni extracurriculari, gli hobby, la vita sociale e, per alcuni, un lavoro part-time. Senza una gestione efficace del tempo, è facile sentirsi sopraffatti. Inoltre, procrastinare può portare a un accumulo di compiti, causando stress, ansia e una diminuzione delle prestazioni.

Aspetti chiave della Gestione del Tempo e della Procrastinazione nell'adolescenza:

- **Autovalutazione**: Riconoscere i propri ritmi giornalieri e identificare a quali ore del giorno si è più produttivi.

- **Prioritizzazione**: Determinare quali compiti sono più urgenti e importanti e affrontarli per primi.

- **Pianificazione**: Utilizzare strumenti come agende, calendari o app per organizzare e tracciare le attività.

- **Riconoscimento delle distrazioni**: Identificare ciò che più frequentemente distrae o interrompe e cercare soluzioni per minimizzarle.

- **Fissare scadenze reali**: Anche se non ne esiste una imposta dall'esterno, fissare una data limite per completare un compito.

Strategie per combattere la Procrastinazione:

1. **Tecnica del Pomodoro**: Lavorare intensamente per 25 minuti e poi fare una pausa di 5 minuti. Ripetere.

2. **Scomporre i compiti**: Invece di vedere un compito come un'entità monolitica, suddividerlo in parti gestibili e affrontarle una alla volta.

3. **Ricompensarsi**: Stabilire piccole ricompense per quando si completa una parte del compito o il compito intero.

4. **Visualizzazione**: Immaginare come ci si sentirà una volta che il compito sarà completato.

5. **Impegnarsi pubblicamente**: Condividere i propri obiettivi con amici o familiari può creare una forma di responsabilità.

Conclusione: La gestione efficace del tempo e la lotta contro la procrastinazione sono abilità che beneficeranno un adolescente non solo nella sua vita presente, ma anche nel futuro, sia nell'istruzione superiore sia nella carriera. Adottando strategie proattive e rimanendo impegnati nella propria crescita, un adolescente può affrontare le sfide quotidiane con maggiore sicurezza e meno stress. Con la pratica e la dedizione, queste abilità possono diventare seconde nature, portando a una vita più organizzata, produttiva e soddisfacente.

42. Intelligenza Emotiva: Comprendere e Gestire le Proprie Emozioni

Definizione: L'intelligenza emotiva (IE) si riferisce alla capacità di riconoscere, comprendere, gestire e regolare le proprie emozioni, nonché le emozioni degli altri. È composta da cinque componenti principali: autoconsapevolezza, autoregolazione, motivazione, empatia e abilità interpersonali.

Importanza: Nell'adolescenza, con le fluttuazioni ormonali e i cambiamenti nella struttura cerebrale, le emozioni possono diventare particolarmente intense. L'IE offre agli adolescenti gli strumenti per navigare attraverso questo tumulto emotivo, migliorando le relazioni, riducendo lo stress e aumentando la loro capacità di prendere decisioni consapevoli.

Aspetti chiave dell'Intelligenza Emotiva nell'adolescenza:

- **Autoconsapevolezza**: La capacità di riconoscere e comprendere le proprie emozioni in tempo reale. Ciò implica anche comprendere come le emozioni influenzano il comportamento e i processi decisionali.

- **Autoregolazione**: La capacità di gestire e controllare le proprie emozioni, specialmente in situazioni di stress o di provocazione. Ciò include anche la flessibilità nel cambiare e adattare le proprie emozioni quando necessario.

- **Motivazione**: Essere guidati da passioni interne piuttosto che da fattori esterni, come ricompense o riconoscimenti.

- **Empatia**: La capacità di comprendere e condividere i sentimenti di un'altra persona, mettendosi nei loro panni.

- **Abilità interpersonali**: Saper instaurare relazioni positive, comunicare efficacemente e gestire conflitti.

Strategie per potenziare l'Intelligenza Emotiva:

1. **Riflessione giornaliera**: Dedicare tempo ogni giorno a riflettere sulle proprie emozioni, cercando di identificarle e capire cosa le ha scatenate.

2. **Tecniche di rilassamento**: Praticare tecniche come la meditazione, la respirazione profonda e la mindfulness per migliorare l'autoregolazione.

3. **Ascolto attivo**: Quando si parla con qualcuno, ascoltare attentamente senza interrompere e cercare di comprendere veramente ciò che stanno dicendo.

4. **Feedback**: Chiedere feedback a persone di fiducia su come si gestiscono le emozioni e le interazioni sociali e essere aperti a ricevere critiche costruttive.

5. **Educazione emotiva**: Leggere libri o partecipare a corsi/workshop sulla gestione delle emozioni e l'intelligenza emotiva.

Conclusione: L'intelligenza emotiva è tanto importante quanto l'intelligenza cognitiva, specialmente quando si tratta di successo personale e relazionale. Per un adolescente, sviluppare una solida IE può fare la differenza nel costruire relazioni sane, affrontare con successo le sfide e navigare nel complesso mondo emotivo dell'adolescenza. Con l'educazione, la pratica e il sostegno, l'IE può essere coltivata e potenziata, portando a una maggiore comprensione di sé e degli altri.

43. Rispetto: Valori Fondamentali e Trattare Gli Altri Come Vorresti Essere Trattato

Definizione: Il rispetto è la considerazione e l'apprezzamento delle differenze e dei diritti degli altri. Si manifesta attraverso parole, azioni e atteggiamenti. Esso si basa sul riconoscimento dell'uguale valore di ogni individuo e sulla loro dignità intrinseca.

Importanza: Il rispetto è la pietra angolare di ogni società civile. Per gli adolescenti, comprendere e praticare il rispetto può influenzare positivamente le loro relazioni, contribuire a prevenire conflitti e aiutarli a integrarsi in diversi ambienti sociali e culturali.

Aspetti chiave del Rispetto nell'adolescenza:

- **Auto-rispetto**: Prima di poter rispettare gli altri, è essenziale avere rispetto per se stessi. Ciò significa riconoscere il proprio valore, stabilire confini sani e cercare situazioni in cui si viene trattati con dignità e considerazione.

- **Rispetto per la diversità**: Riconoscere e apprezzare le differenze in termini di cultura, religione, etnia, genere, orientamento sessuale e altre caratteristiche individuali.

- **Ascolto attivo**: Mostrare rispetto significa anche ascoltare gli altri senza interrompere, pregiudicare o sminuire le loro opinioni.

- **Linguaggio rispettoso**: Evitare insulti, parole offensive o denigratorie e cercare sempre di comunicare in modo chiaro, onesto e gentile.

- **Rispetto per le proprietà altrui**: Ciò include sia le proprietà fisiche (ad es. non prendere o danneggiare le cose degli altri senza permesso) sia le proprietà intellettuali.

Strategie per promuovere il Rispetto:

1. **Educazione alle differenze**: Partecipare a workshop o corsi che celebrano e insegnano sulla diversità culturale e individuale.

2. **Role-playing**: Mettersi nei panni degli altri attraverso giochi di ruolo può aiutare a sviluppare empatia e comprensione.

3. **Stabilire aspettative chiare**: Nelle scuole o in altri gruppi, definire chiaramente cosa significa comportarsi con rispetto e quali sono le conseguenze per mancanza di rispetto.

4. **Modello di comportamento**: Gli adolescenti imparano molto dall'osservazione. Gli adulti possono fungere da modelli mostrando rispetto in tutte le loro interazioni.

5. **Mediazione e risoluzione dei conflitti**: Apprendere tecniche di risoluzione dei conflitti può aiutare gli adolescenti a gestire le dispute in modo rispettoso e produttivo.

Conclusione: Il rispetto non è solo un valore, ma un'abilità essenziale che gli adolescenti devono sviluppare per avere successo nella vita. Viviamo in un mondo globalizzato e interconnesso, dove le interazioni con persone di diverse culture e background sono comuni. Per gli adolescenti, il rispetto li prepara a questi incontri, assicurando che si comportino in modo responsabile, empatico e civile. Educare al rispetto significa investire in un futuro di inclusione, comprensione e pace.

44. Le Abilità di Problem Solving: Navigare nelle Sfide della Vita

Definizione: Il problem solving, o risoluzione dei problemi, è il processo attraverso il quale un individuo identifica, analizza e risolve sfide o ostacoli. Questa competenza è essenziale in ogni aspetto della vita, sia che si tratti di sfide personali, accademiche o professionali.

Importanza: Durante l'adolescenza, gli individui sono spesso esposti a nuove sfide e situazioni che richiedono soluzioni innovative. Saper affrontare e risolvere questi problemi in modo efficace può aumentare l'autostima, ridurre lo stress e portare a risultati più positivi nella vita.

Aspetti chiave del Problem Solving nell'adolescenza:

- **Identificazione del problema**: Il primo passo nella risoluzione di un problema è riconoscerlo e definirlo chiaramente.

- **Analisi**: Una volta identificato il problema, è essenziale analizzare le sue cause, i fattori coinvolti e le possibili soluzioni.

- **Generazione di soluzioni**: Questa fase implica la creatività e la capacità di pensare "fuori dagli schemi". Non tutte le soluzioni saranno valide, ma l'idea è generare diverse opzioni.

- **Valutazione delle soluzioni**: Una volta generate le soluzioni, è importante valutarle in termini di fattibilità, rischi associati e possibili risultati.

- **Implementazione**: Questa fase richiede coraggio e determinazione, poiché implica mettere in pratica la soluzione scelta.

- **Riflessione**: Dopo l'implementazione, è fondamentale riflettere sul processo, valutare i risultati e considerare cosa si potrebbe fare diversamente la prossima volta.

Strategie per sviluppare le Abilità di Problem Solving:

1. **Giocare a giochi di strategia**: Giochi come scacchi, Sudoku o rompicapi possono aiutare a sviluppare il pensiero critico e le abilità di problem solving.

2. **Studi di caso**: Analizzare casi reali o ipotetici e discutere possibili soluzioni in gruppo può aiutare a sviluppare una mentalità analitica.

3. **Mentoring**: Avere un mentore può fornire una prospettiva esterna e offrire suggerimenti e consigli basati sull'esperienza.

4. **Auto-riflessione**: Abituarsi a riflettere sulle proprie decisioni e azioni, considerando ciò che ha funzionato e ciò che potrebbe essere migliorato.

5. **Corsi specifici**: Ci sono molti corsi e workshop che si concentrano sullo sviluppo delle abilità di problem solving e pensiero critico.

Conclusione: Le abilità di problem solving sono essenziali per la crescita personale e professionale. Durante l'adolescenza, quando gli individui iniziano a navigare in modo indipendente attraverso le sfide della vita, possedere queste competenze può fare la differenza tra sentirsi sopraffatti e affrontare le situazioni con fiducia e determinazione. Insegnare agli adolescenti come affrontare e risolvere i problemi non solo li aiuta nel presente, ma li prepara anche per le sfide future, rendendoli adulti resilienti, adattabili e capaci.

45. Gestione delle Emozioni: Intelligenza Emotiva e Autoregolazione

Definizione: La gestione delle emozioni riguarda la capacità di riconoscere, comprendere, esprimere e controllare le proprie emozioni, nonché di rispondere alle emozioni degli altri in modi appropriati e sani.

Importanza: L'adolescenza è un periodo di intensi cambiamenti emotivi. Saper gestire queste emozioni può aiutare a prevenire conflitti, migliorare le relazioni, ridurre lo stress e favorire un benessere mentale ed emotivo sano.

Aspetti chiave della Gestione delle Emozioni nell'adolescenza:

- **Autoconsapevolezza**: La capacità di riconoscere e comprendere le proprie emozioni. Questo è il primo passo per gestirle efficacemente.

- **Autoregolazione**: L'abilità di controllare o ridirigere impulsi e stati emotivi distruttivi. Ciò implica saper calmarsi e riflettere prima di reagire.

- **Motivazione**: L'uso delle emozioni per raggiungere obiettivi, impegnarsi in attività e superare ostacoli.

- **Empatia**: La capacità di riconoscere, comprendere e rispondere alle emozioni degli altri.

- **Abilità sociali**: Saper interagire con gli altri in modo costruttivo, stabilire relazioni positive e gestire le situazioni sociali.

Strategie per migliorare la Gestione delle Emozioni:

1. **Mindfulness e Meditazione**: Pratiche come la mindfulness aiutano a focalizzarsi sul presente, accettando senza giudizio le proprie emozioni e sensazioni. Questo può aiutare a sviluppare una maggiore consapevolezza emotiva.

2. **Tecniche di rilassamento**: Tecniche come la respirazione profonda, la visualizzazione e il rilassamento muscolare progressivo possono aiutare a calmare la mente e il corpo.

3. **Diario emotivo**: Scrivere regolarmente le proprie emozioni può aiutare a riconoscerle, comprenderle e gestirle meglio.

4. **Comunicazione assertiva**: Esprimere le proprie emozioni in modo chiaro, calmo e rispettoso, senza essere aggressivi o passivi.

5. **Consulenza**: Se la gestione delle emozioni diventa troppo difficile, può essere utile cercare il supporto di un terapeuta o consulente specializzato.

Conclusione: La gestione efficace delle emozioni è una componente fondamentale dell'intelligenza emotiva e svolge un ruolo cruciale nella salute mentale e nel successo nella vita. Insegnare agli adolescenti come gestire le loro emozioni li aiuta a costruire relazioni più sane, a prevenire il burnout e lo stress e a navigare con successo attraverso le sfide della vita. In un mondo in cui l'alfabetizzazione emotiva è spesso trascurata, fornire a un adolescente gli strumenti per comprendere e gestire le proprie emozioni è un dono inestimabile che li beneficerà per tutta la vita.

46. La Responsabilità Finanziaria: Gestire il Denaro e Comprendere il Valore del Lavoro

Definizione: La responsabilità finanziaria si riferisce alla capacità di gestire il proprio denaro in modo saggio, risparmiando, investendo e spendendo con prudenza, oltre a comprendere l'importanza e il valore del lavoro.

Importanza: Con l'adolescenza, molti ragazzi iniziano a guadagnare i loro primi soldi, che potrebbero provenire da lavoretti, paghette o regali. Saper gestire queste risorse finanziarie fin dalla giovane età prepara l'individuo a fare scelte finanziarie più informate in futuro, evitando debiti e costruendo una solida base per la stabilità economica.

Aspetti chiave della Responsabilità Finanziaria nell'adolescenza:

- **Budgeting**: La capacità di creare e seguire un budget, garantendo che le entrate coprano le spese e che ci sia un risparmio.

- **Risparmio**: Comprendere l'importanza di mettere da parte una parte dei propri guadagni per il futuro o per emergenze impreviste.

- **Investimenti**: Anche se può sembrare prematuro, avere una comprensione di base di come funzionano gli investimenti può preparare gli adolescenti per decisioni finanziarie future.

- **Evitare il debito**: Comprendere le insidie delle carte di credito e dei prestiti, e l'importanza di vivere entro i propri mezzi.

- **Valore del lavoro**: Riconoscere che il denaro guadagnato è il risultato del duro lavoro e che ogni transazione ha un valore associato in termini di tempo e sforzo.

Strategie per inculcare la Responsabilità Finanziaria:

1. **Educazione finanziaria**: I corsi di educazione finanziaria, sia a scuola che online, possono fornire agli adolescenti le basi per comprendere il mondo delle finanze.

2. **Conto bancario**: Aprirsi un proprio conto bancario e imparare a monitorare le spese e i depositi può essere un primo passo importante verso la responsabilità finanziaria.

3. **Impostare obiettivi di risparmio**: Incentivare gli adolescenti a risparmiare per qualcosa che desiderano può insegnare loro l'importanza della pazienza e della pianificazione finanziaria.

4. **Confronti di spesa**: Prima di fare acquisti, fare ricerche e confrontare i prezzi può aiutare a prendere decisioni di spesa più informate.

5. **Lavori part-time o lavoretti**: Lavorare in giovane età insegna non solo il valore del denaro, ma anche etica del lavoro, puntualità e responsabilità.

Conclusione: La responsabilità finanziaria è una competenza vitale che purtroppo non viene sempre insegnata in modo efficace. Tuttavia, con l'orientamento e l'educazione giusta, gli adolescenti possono diventare adulti finanziariamente saggi e responsabili. Preparare un adolescente con le conoscenze e gli strumenti necessari per navigare nel mondo delle finanze può portare a una vita di stabilità finanziaria e ridurre la probabilità di cadere nelle trappole del debito e della spesa eccessiva.

47. Rispetto per la Diversità: Comprendere e Valutare le Differenze Culturali e Individuali

Definizione: Il rispetto per la diversità implica riconoscere, apprezzare e valorizzare le differenze tra le persone, incluse quelle basate su razza, genere, etnia, orientamento sessuale, abilità fisiche, credenze religiose, e molto altro. Significa anche evitare pregiudizi e discriminazione e trattare tutti con equità e dignità.

Importanza: Viviamo in un mondo sempre più globalizzato e interconnesso. La capacità di interagire e collaborare con persone di diverse origini e culture è fondamentale per il successo personale, professionale e sociale. Il rispetto per la diversità può anche contribuire a prevenire conflitti e a costruire comunità più inclusive e armoniose.

Aspetti chiave del Rispetto per la Diversità nell'adolescenza:

- **Auto-riflessione**: Comprendere e riconoscere le proprie inclinazioni e pregiudizi, consci e inconsci.

- **Ascolto attivo**: Ascoltare veramente le esperienze e le prospettive degli altri, anche quando differiscono dalle proprie.

- **Educazione**: Educarsi su diverse culture, tradizioni e storie. Questo può includere la lettura di libri, la partecipazione a eventi culturali, o la conversazione con individui di diverse origini.

- **Empatia**: Mettersi nei panni degli altri e cercare di comprendere il mondo dal loro punto di vista.

- **Chiedere piuttosto che supporre**: Evitare di fare supposizioni o generalizzazioni su individui o gruppi; invece, fare domande per ampliare la propria comprensione.

Strategie per promuovere il Rispetto per la Diversità:

1. **Esposizione**: Esponiti a diverse culture e comunità attraverso viaggi, cibo, musica, arte e letteratura.

2. **Dialogo interculturale**: Partecipare a forum o discussioni dove le persone possono condividere le loro esperienze e prospettive personali.

3. **Mentor o amicizie interculturali**: Stabilire relazioni con individui di diverse origini per approfondire la comprensione reciproca.

4. **Educazione formale**: Partecipare a corsi o seminari specifici sulla diversità, inclusione e interculturalità.

5. **Riflessione personale**: Periodicamente riflettere sulle proprie azioni e pensieri per identificare e correggere eventuali pregiudizi.

Conclusione: Il rispetto per la diversità è fondamentale per la crescita personale e per la creazione di società inclusive. Gli adolescenti che imparano a valutare e apprezzare le differenze sono meglio preparati per le sfide del mondo moderno e sono più propensi a diventare cittadini globali responsabili. Imparare a vedere oltre le differenze superficiali e riconoscere la comune umanità di tutti è un passo essenziale verso un mondo più giusto e comprensivo.

48. Gestione del Tempo e Pianificazione: Organizzare e Priorizzare le Proprie Attività

Definizione: La gestione del tempo e la pianificazione riguardano l'abilità di organizzare, strutturare e utilizzare al meglio il proprio tempo. Ciò implica stabilire obiettivi, priorizzare le attività, creare programmi e aderire a essi, oltre a identificare e ridurre le distrazioni.

Importanza: Con il passaggio all'adolescenza, l'aumento delle responsabilità accademiche, sociali e personali può rendere impegnativo l'equilibrio tra tutti gli impegni. Una buona gestione del tempo consente di massimizzare la produttività, ridurre lo stress e garantire che vi sia un tempo adeguato per lo studio, il lavoro, il relax e le relazioni.

Aspetti chiave della Gestione del Tempo nell'adolescenza:

- **Obiettivi e Priorità**: Determinare cosa è veramente importante e quale risultato si vuole ottenere, permettendo di allocare adeguatamente il tempo.

- **Pianificazione**: Utilizzare strumenti come agende, calendari o app per pianificare la giornata, la settimana o il mese.

- **Eliminazione delle distrazioni**: Identificare ciò che spesso distoglie l'attenzione (es. smartphone, social media) e creare strategie per minimizzare queste distrazioni durante i periodi di lavoro o studio.

- **Tecniche di gestione del tempo**: Applicare tecniche come la tecnica Pomodoro, che implica lavorare intensamente per un periodo di tempo prestabilito seguito da una breve pausa.

- **Bilanciamento**: Riconoscere l'importanza di equilibrare le attività lavorative con il tempo libero e il relax.

Strategie per migliorare la Gestione del Tempo:

1. **Stabilire una routine quotidiana**: Avere un ritmo regolare per alzarsi, mangiare, lavorare/studiare e rilassarsi può aiutare a rendere le giornate più prevedibili e gestibili.

2. **Imposta obiettivi chiari**: Che si tratti di compiti a breve termine o di obiettivi a lungo termine, sapere cosa si vuole raggiungere può guidare le decisioni sul come utilizzare il tempo.

3. **Usare la tecnologia a proprio vantaggio**: Applicazioni come Todoist, Trello o Google Calendar possono aiutare nella pianificazione e nel tracciamento delle attività.

4. **Impara a dire "no"**: Non è possibile fare tutto; riconoscere i propri limiti e imparare a rifiutare cortesemente quando necessario è essenziale.

5. **Rivedi e adatta**: Alla fine di ogni settimana, rifletti su come hai utilizzato il tuo tempo e su cosa potresti fare diversamente per migliorare.

Conclusione: La gestione efficace del tempo è una competenza preziosa che può beneficiare gli adolescenti in molte aree della vita. Mentre la capacità di bilanciare impegni e responsabilità può richiedere pratica e adattamento, sviluppare buone abitudini di gestione del tempo in giovane età può portare a un maggiore successo, soddisfazione e benessere nel corso della vita.

49. Capacità di Ascolto: Comprendere e Rispondere Efficacemente agli Altri

Definizione: La capacità di ascolto si riferisce alla competenza di ascoltare attentamente ciò che una persona sta dicendo, comprendere il messaggio e rispondere in modo appropriato. Questa capacità va oltre la semplice udienza delle parole: implica ascoltare con empatia, attenzione e senza giudizio.

Importanza: Una buona capacità di ascolto è fondamentale per costruire relazioni solide, risolvere conflitti e comprendere appieno le informazioni. Inoltre, dimostra rispetto e considerazione per gli altri, rafforza la fiducia reciproca e favorisce una comunicazione efficace.

Aspetti chiave della Capacità di Ascolto nell'adolescenza:

- **Attenzione attiva**: Concentrarsi completamente sull'oratore, evitando distrazioni o la tentazione di formulare una risposta mentre l'altra persona sta ancora parlando.

- **Lingua del corpo**: Adottare una postura aperta e rivolgersi verso l'oratore, mantenendo un contatto visivo. Ciò dimostra interesse e impegno nell'ascolto.

- **Non giudicare**: Evitare di formulare giudizi o conclusioni precipitose mentre si ascolta, e cercare di comprendere la prospettiva dell'oratore.

- **Chiedere chiarimenti**: Se non si è certi di aver compreso qualcosa, chiedere ulteriori spiegazioni o esempi.

- **Fornire feedback**: Far sapere all'oratore che si è compreso il suo messaggio attraverso brevi risposte o riassumendo ciò che è stato detto.

Strategie per migliorare la Capacità di Ascolto:

1. **Esercizio di ascolto**: Prova ad ascoltare un amico o un familiare senza interrompere per cinque minuti. Al termine, riassumi ciò che hai compreso.

2. **Elimina le distrazioni**: Quando qualcuno ti parla, metti da parte il telefono o altre distrazioni e dedica tutta la tua attenzione all'oratore.

3. **Pratica l'empatia**: Cerca di metterti nei panni dell'oratore e di immaginare come si sente.

4. **Impara a riconoscere e controllare le tue reazioni**: Se ti accorgi di diventare emotivo o difensivo mentre ascolti, prenditi un momento per calmarti prima di rispondere.

5. **Partecipa a workshop o corsi**: Ci sono molte risorse e programmi formativi disponibili per migliorare le capacità di ascolto.

Conclusione: La capacità di ascolto è una delle competenze comunicative più preziose che un individuo possa possedere. Per gli adolescenti, sviluppare questa abilità può portare a relazioni più profonde, una maggiore comprensione in contesti educativi e una base solida per future interazioni professionali e personali. In un mondo spesso frenetico e distratto, saper ascoltare con attenzione e cura è un dono sia per chi ascolta sia per chi viene ascoltato.

50. Autodisciplina: Imparare a Controllare Impulsi e Comportamenti

Definizione: L'autodisciplina riguarda la capacità di controllare e gestire i propri impulsi, emozioni e comportamenti al fine di raggiungere obiettivi a lungo termine, anche quando ciò richiede rinunciare a gratificazioni immediate.

Importanza: L'autodisciplina è una componente chiave per il successo in molte aree della vita, dall'istruzione al lavoro, dalle relazioni alle attività personali. Essa consente agli individui di rimanere concentrati sui propri obiettivi, superare le tentazioni e le distrazioni e perseverare anche di fronte a sfide e ostacoli.

Aspetti chiave dell'Autodisciplina nell'adolescenza:

- **Controllo degli impulsi**: La capacità di fermarsi e riflettere prima di agire, piuttosto che reagire impulsivamente a una situazione.

- **Gestione delle emozioni**: Riconoscere e controllare le proprie emozioni, in particolare quelle che possono interferire con i propri obiettivi.

- **Stabilire obiettivi**: Definire chiaramente ciò che si desidera raggiungere e creare un piano per arrivarci.

- **Rimandare la gratificazione**: La capacità di aspettare una ricompensa maggiore in futuro rinunciando a una minore nel presente.

- **Concentrazione**: Rimane concentrati su un'attività o un compito, evitando distrazioni e tentazioni.

Strategie per migliorare l'Autodisciplina:

1. **Imposta piccoli obiettivi**: Invece di puntare direttamente a un grande obiettivo, suddividilo in passi più piccoli e gestibili. Celebrare ogni

successo lungo la strada può aumentare la motivazione.

2. **Elimina tentazioni**: Se si sta cercando di studiare, ad esempio, si potrebbe mettere il telefono in modalità aereo o in un'altra stanza.

3. **Pianifica in anticipo**: Prevedi possibili distrazioni o ostacoli e pensa a come li affronterai.

4. **Rafforza l'autocontrollo**: Prova esercizi come la meditazione o tecniche di respirazione profonda per migliorare la consapevolezza di te stesso e il controllo delle tue reazioni.

5. **Ricerca supporto**: Condividi i tuoi obiettivi con amici o familiari e chiedi loro di tenerti responsabile o di incoraggiarti.

Conclusione: L'autodisciplina è una competenza che può essere sviluppata e rinforzata nel tempo. Sebbene gli adolescenti possano affrontare sfide particolari a causa delle rapide trasformazioni biologiche, emotive e sociali che stanno vivendo, imparare l'autodisciplina in giovane età può fornire una base solida per affrontare le sfide future e raggiungere il successo in vari ambiti della vita.

51. La Gestione del Tempo: Ottimizzare la Propria Routine e Priorità

Definizione: La gestione del tempo si riferisce all'abilità di pianificare e controllare consapevolmente la quantità di tempo trascorsa su specifiche attività, al fine di aumentare l'efficacia, l'efficienza o la produttività.

Importanza: Una buona gestione del tempo consente di ottenere di più in un periodo di tempo minore, riducendo lo stress e consentendo tempo per attività di svago, relazionarsi con gli altri, e persino per il semplice riposo. Durante l'adolescenza, gli impegni scolastici, extracurriculari, sociali e familiari possono diventare schiaccianti. Una gestione del tempo efficace può aiutare a bilanciare questi impegni e a prevenire la sensazione di essere sopraffatti.

Aspetti chiave della Gestione del Tempo nell'adolescenza:

- **Pianificazione**: Utilizzare agende, calendari o app per pianificare e tenere traccia delle proprie attività.

- **Stabilire priorità**: Determinare quali attività sono più importanti o urgenti e affrontarle per prime.

- **Evitare la procrastinazione**: Riconoscere e superare la tendenza a rimandare le attività.

- **Ripartire il tempo**: Se un compito sembra troppo grande, dividilo in segmenti gestibili e affronta un segmento alla volta.

- **Ritagliarsi del tempo per sé**: Assicurarsi di avere anche momenti di pausa e relax.

Strategie per migliorare la Gestione del Tempo:

1. **Utilizza strumenti di pianificazione**: Agende fisiche, calendari online o app di gestione del tempo possono aiutare a organizzare e monitorare le attività.

2. **Imposta scadenze**: Anche se una non è fornita, stabilire una scadenza per te stesso può motivarti a completare un'attività.

3. **Inizia con i compiti più difficili**: Affrontare le attività più impegnative quando si è più energici può migliorare l'efficienza.

4. **Imposta un timer**: Usa un timer per dedicare blocchi di tempo alle attività e fare brevi pause per rinfrescare la mente.

5. **Impara a dire "no"**: Non sovraccaricarti. Se hai troppo da fare, impara a rifiutare gentilmente ulteriori impegni.

Conclusione: Mentre la gestione del tempo può sembrare una sfida, in particolare durante gli anni dell'adolescenza con le sue numerose attività e responsabilità, sviluppare buone abitudini in questa fase può gettare le basi per una vita adulta produttiva e equilibrata. Avere un controllo sul proprio tempo non solo migliora la produttività, ma può anche aumentare la soddisfazione e la felicità nella vita quotidiana.

52. Resilienza: Affrontare le Sfide e Rimbalzare dai Contraccolpi

Definizione: La resilienza è la capacità di adattarsi e riprendersi da difficoltà, traumi o avversità, permettendo a un individuo di rimanere funzionale e di tornare a uno stato di equilibrio dopo essere stato messo alla prova.

Importanza: Ogni persona, durante la sua vita, affronterà inevitabilmente delle sfide, alcune delle quali possono essere molto difficili. L'adolescenza, in particolare, è un periodo di rapida crescita e cambiamento, durante il quale si possono incontrare nuove sfide, come problemi scolastici, pressioni sociali, o problemi familiari. La resilienza aiuta gli adolescenti a navigare questi ostacoli, permettendo loro di crescere e imparare dalle esperienze difficili.

Aspetti chiave della Resilienza nell'adolescenza:

- **Autocoscienza**: Riconoscere e comprendere le proprie emozioni e reazioni.

- **Ottimismo**: Mantenere una prospettiva positiva, anche quando le cose sembrano difficili.

- **Risoluzione dei problemi**: Essere proattivi nel cercare soluzioni invece di evitare le sfide.

- **Reti di supporto**: Circondarsi di persone che offrono sostegno e incoraggiamento.

- **Flessibilità**: Adattarsi ai cambiamenti e imparare a vedere le sfide da diverse angolazioni.

Strategie per migliorare la Resilienza:

1. **Sviluppa una mentalità di crescita**: Credi nella capacità di apprendere e svilupparsi attraverso sforzo e determinazione.

2. **Stabilisci connessioni**: Costruisci relazioni significative con familiari e amici; il sostegno sociale può essere un tampone contro la difficoltà.

3. **Imposta obiettivi realistici**: Definisci passi chiari e realizzabili per avvicinarti alle tue aspirazioni.

4. **Fai una pausa**: Dedicati attività che ti rilassano e che ti danno energia, come leggere, camminare, o ascoltare musica.

5. **Cerca aiuto quando necessario**: Non aver paura di cercare il supporto di un professionista o consigliere se ti senti sopraffatto.

Conclusione: La resilienza non è una qualità innata che si ha o non si ha, ma piuttosto una serie di comportamenti, pensieri e azioni che possono essere appresi e sviluppati nel tempo. Mentre l'adolescenza presenta sfide uniche, è anche un'opportunità per sviluppare e rafforzare la resilienza, preparando i giovani a affrontare le sfide future con forza e determinazione.

53. Empatia: Comprendere e Condividere le Emozioni Altrui

Definizione: L'empatia è la capacità di comprendere e condividere i sentimenti e le emozioni di un'altra persona, mettendosi nei loro panni e cercando di vedere le cose dalla loro prospettiva.

Importanza: L'empatia è fondamentale per costruire relazioni solide e significative. In un mondo sempre più interconnesso, comprendere e apprezzare le esperienze e i punti di vista degli altri è essenziale. Per gli adolescenti, sviluppare empatia può aiutare a navigare complesse dinamiche sociali, ridurre i conflitti e promuovere ambienti più inclusivi e comprensivi.

Aspetti chiave dell'Empatia nell'adolescenza:

- **Ascolto attivo**: Prestare attenzione a ciò che l'altra persona sta dicendo senza interrompere o giudicare.

- **Riconoscimento delle emozioni**: Identificare e validare le emozioni altrui.

- **Espressione di comprensione**: Usare parole e azioni per mostrare che si comprende come si sente l'altra persona.

- **Evitare il giudizio**: Approcciare le situazioni con una mente aperta, senza pregiudizi.

- **Immedesimazione**: Immaginare come ci si sentirebbe in una situazione simile.

Strategie per migliorare l'Empatia:

1. **Pratica l'ascolto attivo**: Quando qualcuno ti parla, concentrati sulla loro voce, sulle loro parole e sul loro linguaggio del corpo. Evita di pensare alle tue risposte mentre stanno ancora parlando.

2. **Rifletti sulle tue emozioni**: Prenditi un momento ogni giorno per riflettere su come ti

senti e perché. Questo può aiutarti a riconoscere e comprendere meglio le emozioni altrui.

3. **Fai domande**: Se non capisci come si sente qualcuno o perché si sente in quel modo, chiedi. Mostrare interesse è un modo per dimostrare empatia.

4. **Leggi storie diverse**: Esplora libri, film o storie che offrono prospettive diverse dalla tua. Questo può aiutarti a comprendere meglio persone di differenti sfondi o esperienze.

5. **Pratica l'empatia ogni giorno**: Cerca piccoli modi per mostrare empatia nella tua vita quotidiana, come consolare un amico, aiutare qualcuno in difficoltà o semplicemente ascoltare qualcuno che ha bisogno di parlare.

Conclusione: L'empatia è una delle qualità umane più preziose, che consente di costruire ponti tra persone di diverse culture, background e esperienze. Sviluppando e praticando l'empatia, gli adolescenti possono creare relazioni più profonde, contribuire a creare comunità più comprensive e navigare con successo nelle sfide sociali e emotive della vita.

54. Gestione del Tempo: Strategie per Organizzare e Ottimizzare le Proprie Attività

Definizione: La gestione del tempo si riferisce alla capacità di pianificare e controllare quanto tempo si dedica alle specifiche attività, al fine di lavorare in modo più efficiente ed efficace.

Importanza: Durante l'adolescenza, la quantità e la complessità delle responsabilità aumentano. Questo può includere compiti scolastici, attività extrascolastiche, relazioni sociali, e forse anche un lavoro part-time. Saper gestire il proprio tempo è fondamentale per bilanciare tutte queste attività e ridurre lo stress, mantenendo un equilibrio sano tra studio, lavoro e tempo libero.

Aspetti chiave della Gestione del Tempo nell'adolescenza:

- **Priorità**: Determinare quali attività o compiti sono i più importanti e affrontarli per primi.

- **Pianificazione**: Utilizzare strumenti come agende, calendari o app per pianificare e tracciare le attività.

- **Eliminazione delle distrazioni**: Identificare ciò che spesso ti distrae e cercare soluzioni per ridurre o eliminare quelle distrazioni quando lavori.

- **Stabilire obiettivi chiari**: Avere un obiettivo ben definito in mente aiuta a rimanere focalizzati e produttivi.

- **Prendersi delle pause**: Lavorare ininterrottamente può ridurre l'efficienza. È importante fare brevi pause per rinfrescare la mente.

Strategie per migliorare la Gestione del Tempo:

1. **Tecnica Pomodoro**: Questa tecnica suggerisce di lavorare intensamente per 25 minuti e poi prendere una pausa di 5 minuti. Dopo aver completato quattro cicli, prendere una pausa più lunga.

2. **Liste delle cose da fare**: Scrivere una lista di attività quotidiane e settimanali. Ciò fornisce una visione chiara di ciò che deve essere fatto e aiuta a organizzarsi.

3. **Definire le priorità**: Utilizza un sistema di valutazione per determinare l'importanza e l'urgenza delle attività. Ciò può aiutarti a decidere cosa fare per primo.

4. **Delegare**: Se c'è qualcosa che qualcun altro può fare (ad esempio, in un progetto di gruppo), delegare quella responsabilità.

5. **Rivedi e adatta**: Alla fine di ogni settimana, esamina come hai gestito il tuo tempo e considera dove potresti fare delle modifiche per la settimana successiva.

Conclusione: La gestione efficace del tempo non è solo una capacità che beneficia gli adolescenti nella loro vita scolastica, ma è anche una competenza essenziale che porteranno con sé nella vita adulta e nel mondo del lavoro. Imparare a gestire il tempo in modo efficiente ad un'età giovane può portare a una vita più equilibrata, produttiva e soddisfacente.

55. Autostima e Autopercezione: Come Valorizzarti e Riconoscere i Tuoi Punti di Forza

Definizione: L'autostima si riferisce alla percezione e alla valutazione che una persona ha di sé stessa. Riguarda il modo in cui ti vedi, il valore che dai a te stesso e la tua sensazione di merito.

Importanza: Un'adeguata autostima è fondamentale durante l'adolescenza, un periodo in cui si attraversano molti cambiamenti fisici, emotivi e sociali. L'autostima influenza la tua capacità di affrontare sfide, stabilire relazioni sane e prendere decisioni importanti. Una buona autostima può portare a una migliore salute mentale, relazioni più positive e una maggiore resilienza di fronte agli ostacoli.

Componenti dell'Autostima:

- **Autopercezione**: Come ti vedi in termini di aspetto fisico, capacità e valori.

- **Autosufficienza**: Credere nella propria capacità di affrontare le sfide e risolvere i problemi.

- **Autovalutazione**: Riconoscere e apprezzare i propri successi e imparare dai propri errori.

- **Rispetto di sé**: Trattarsi con gentilezza e evitare l'auto-critica eccessiva.

Strategie per Migliorare l'Autostima:

1. **Autoriflessione**: Dedica del tempo a riflettere su chi sei, cosa ti piace di te stesso e quali sono i tuoi punti di forza. Questo può aiutarti a riconoscere e apprezzare le tue qualità uniche.

2. **Affronta le tue paure**: Imparare a superare le paure e le insicurezze può rafforzare la tua autostima. Ciò potrebbe significare affrontare una situazione che ti spaventa o imparare una nuova abilità.

3. **Imposta obiettivi realistici**: Stabilire piccoli obiettivi e lavorare per raggiungerli può migliorare la tua fiducia nelle tue capacità.

4. **Ricevi e accetta complimenti**: Quando qualcuno ti fa un complimento, accettalo con grazia invece di sminuirlo o dubitarne. Credere in quello che gli altri vedono in te può aiutarti a vedere te stesso in una luce più positiva.

5. **Evita la comparazione**: Confrontare te stesso con gli altri può portare a sentimenti di inadeguatezza. Ricorda che ognuno ha il suo percorso e le proprie sfide.

6. **Cerca il supporto**: Parlare con qualcuno di fiducia dei tuoi sentimenti e delle tue preoccupazioni può aiutarti a vedere le cose da una prospettiva diversa e a rafforzare la tua autostima.

Conclusione: L'autostima è un aspetto fondamentale dell'identità e del benessere personale. È una base su cui si costruiscono le relazioni, si affrontano le sfide e si cresce come individuo. Anche se può fluttuare nel corso della vita, sviluppare una solida autostima durante l'adolescenza può fornire una base solida per la crescita e l'adattamento in futuro.

56. Gestione del Tempo: L'Arte di Organizzare e Bilanciare le Proprie Attività

Definizione: La gestione del tempo riguarda l'abilità di pianificare e controllare consapevolmente il tempo trascorso su specifiche attività, in particolare per aumentare l'efficacia, l'efficienza e la produttività.

Importanza: Mentre si cresce e si inizia ad avere responsabilità come compiti scolastici, sport, hobby, lavoro part-time e relazioni, diventa essenziale saper gestire il proprio tempo. Una buona gestione del tempo permette di realizzare di più in un lasso di tempo minore, riduce lo stress e conduce a successi sia a breve che a lungo termine.

Benefici della Gestione del Tempo:

- **Meno stress:** Sapendo che hai un piano per le tue attività ti permette di concentrarti su una cosa alla volta.

- **Maggiore produttività:** Riduci le perdite di tempo e focalizzati sulle priorità.

- **Tempo libero:** Con un'efficace gestione, puoi garantirti momenti di pausa e svago.

- **Raggiungimento degli obiettivi:** Organizzare il tuo tempo ti aiuta a raggiungere i tuoi obiettivi a breve e lungo termine.

Strategie per una Buona Gestione del Tempo:

1. **Stabilisci le Priorità:** Identifica ciò che è più importante e ciò che può attendere. Utilizza metodi come la matrice di Eisenhower, che divide le attività in urgenti/non urgenti e importanti/non importanti.

2. **Pianifica in Anticipo:** Usa un planner, un'agenda o un'app per tenere traccia dei tuoi impegni. Dedica del tempo ogni settimana per organizzare le attività della settimana successiva.

3. **Imposta Obiettivi Chiari:** Sii specifico su ciò che vuoi realizzare e entro quando.

4. **Evita la Procrastinazione:** Riconosci le tue distrazioni e impara a superarle. Se un compito ti sembra troppo grande, suddividilo in piccoli passi gestibili.

5. **Imposta dei Limiti:** Ad esempio, se stai studiando, imposta un timer per 25 minuti, poi fai una pausa di 5 minuti. Questa tecnica, chiamata "Pomodoro", può aumentare la tua produttività.

6. **Delega:** Se hai troppo da fare e qualcun altro può aiutarti, non esitare a delegare alcune attività.

7. **Rivedi e Adatta:** Alla fine della settimana, guarda indietro e rifletti su ciò che hai realizzato. Adatta le tue tecniche di gestione del tempo se necessario.

Conclusione: La gestione del tempo è una competenza essenziale che avrà un impatto non solo sugli anni dell'adolescenza ma anche sulla vita adulta. Imparando a gestire efficacemente il tempo, un adolescente può bilanciare con successo l'istruzione, il lavoro, le relazioni e il tempo libero, preparandosi per un futuro produttivo e soddisfacente.

57. Empatia: Comprendere e Condividere i Sentimenti degli Altri

Definizione: L'empatia è la capacità di comprendere e condividere i sentimenti, le emozioni e le prospettive di un'altra persona. È l'abilità di mettersi "nei panni" di qualcun altro e di vedere il mondo dal suo punto di vista.

Importanza: L'empatia è una delle competenze sociali più fondamentali. Favorisce la coesione sociale, migliora le relazioni interpersonali e aiuta a costruire ponti tra persone di culture, religioni e background diversi.

Benefici dell'Empatia:

- **Relazioni più profonde:** Comprendere e condividere i sentimenti degli altri rafforza la connessione interpersonale.

- **Migliore comunicazione:** Essere empatici ti permette di ascoltare veramente e di rispondere in modo appropriato alle esigenze e ai sentimenti degli altri.

- **Risoluzione dei conflitti:** L'empatia può aiutare a vedere le prospettive altrui e trovare soluzioni di compromesso.

- **Sviluppo personale:** Poter percepire il mondo da diverse angolazioni arricchisce la propria esperienza di vita e favorisce la crescita personale.

Come Coltivare l'Empatia:

1. **Ascolto Attivo:** Quando qualcuno parla, ascolta attentamente senza interrompere o formulare risposte mentali. Concentrati sulla persona e cerca di sentire ciò che dice realmente.

2. **Osservazione:** Guarda le espressioni facciali, la postura e il linguaggio del corpo delle persone per cercare di comprendere come si sentono.

3. **Poni domande:** Se non capisci qualcosa o vuoi saperne di più sui sentimenti di qualcuno, chiedi. Questo mostra che ti interessa e ti aiuta a comprendere meglio.

4. **Evita il giudizio:** Ascolta senza giudicare e cerca di comprendere la prospettiva dell'altra persona anche se non la condividi.

5. **Metti da parte la tua prospettiva:** Anche se per un breve momento, prova a vedere le cose dal punto di vista dell'altra persona.

6. **Leggi e guarda storie:** I romanzi, i film e le serie TV che esplorano profondamente i personaggi possono aiutarti a vedere il mondo da diverse prospettive.

7. **Pratica la meditazione sull'empatia:** Esistono esercizi di meditazione specifici per coltivare l'empatia, come immaginare di sentire le emozioni di qualcun altro.

Conclusione: L'empatia è una competenza che può essere coltivata e rafforzata con la pratica. Per un adolescente, sviluppare empatia può fare una grande differenza in termini di costruzione di relazioni significative e di contributo positivo alla società. La capacità di comprendere e condividere i sentimenti degli altri è fondamentale per vivere in un mondo diversificato e interconnesso.

58. Autostima: Riconoscere e Valutare Positivamente Se Stessi

Definizione: L'autostima è la percezione e la valutazione che un individuo ha di sé stesso. Riguarda quanto una persona si stima, si rispetta e si apprezza. È strettamente legata alla propria autopercezione e al valore che ci si attribuisce.

Importanza: L'autostima è fondamentale per il benessere psicologico e emotivo di un individuo. Ha un impatto diretto sulla nostra capacità di affrontare le sfide, sulle relazioni con gli altri e sulla nostra soddisfazione generale nella vita.

Benefici di una Sana Autostima:

- **Migliore capacità di affrontare le sfide:** Chi ha una buona autostima tende a vedere le difficoltà come opportunità piuttosto che come minacce.

- **Relazioni più sane:** Le persone con autostima sono spesso più assertive nelle relazioni, stabilendo confini chiari e comunicando le proprie esigenze in modo efficace.

- **Meno stress e ansia:** Una percezione positiva di sé aiuta a gestire meglio lo stress e riduce l'ansia.

- **Realizzazione personale:** L'autostima può incoraggiare a prendere iniziative, perseguire obiettivi e raggiungere successi.

Cause dell'Autostima Bassa:

- **Esperienze passate:** Fallimenti, critiche, bullismo o traumi possono danneggiare l'autostima di una persona.

- **Comparazione sociale:** Confrontarsi costantemente con gli altri, soprattutto in un'era dominata dai social media, può erodere l'autostima.

- **Aspettative irrealistiche:** Pretendere troppo da sé stessi e non riuscire a soddisfare tali aspettative può diminuire l'autostima.

Come Coltivare una Sana Autostima:

1. **Autocomprensione:** Rifletti sulle tue qualità, i tuoi successi, le tue passioni e riconosci il tuo valore.

2. **Imposta obiettivi realistici:** Stabilisci obiettivi raggiungibili e celebra i piccoli successi lungo il percorso.

3. **Evita la comparazione sociale:** Riconosci che ognuno ha il suo percorso e le sue sfide.

Confrontare la propria vita con quella degli altri può essere ingannevole e dannoso.

4. **Accetta le critiche in modo costruttivo:** Usa le critiche come un'opportunità per crescere, piuttosto che come un attacco personale.

5. **Circondati di persone positive:** Le persone che ti sostengono e ti valorizzano possono elevare la tua autostima.

6. **Rispetta te stesso:** Tratta te stesso con lo stesso rispetto e la stessa gentilezza che mostreresti a un caro amico.

7. **Lavora sulla crescita personale:** Attraverso la lettura, la meditazione o la terapia, cerca costantemente di crescere e sviluppare una migliore comprensione di te stesso.

Conclusione: L'autostima non è statica; cambia e si evolve nel corso della vita. Per un adolescente, è fondamentale riconoscere il proprio valore e lavorare attivamente per costruire e mantenere una sana autostima. Questo non solo influenzerà positivamente le relazioni e le esperienze durante gli anni dell'adolescenza, ma fornirà anche una solida base per gli anni futuri.

59. Gestione della Rabbia: Tecniche e Strategie per Canalizzare Emozioni Negative

Definizione: La gestione della rabbia riguarda la capacità di riconoscere, comprendere e rispondere all'emozione della rabbia in modi che siano socialmente appropriati, non dannosi per se stessi o per gli altri, e costruttivi.

Importanza: La rabbia è un'emozione naturale, ma se non gestita correttamente può portare a decisioni impulsive, danni alle relazioni, problemi di salute e altri esiti negativi. Imparare a gestire la rabbia è essenziale per vivere in modo equilibrato e armonioso con se stessi e con gli altri.

Cause comuni della Rabbia negli Adolescenti:

- **Ormoni in cambiamento:** Gli squilibri ormonali durante l'adolescenza possono influenzare l'umore.

- **Pressioni sociali:** Le aspettative dei coetanei e la necessità di appartenenza possono causare stress.

- **Ambiente familiare:** Conflitti o tensioni in famiglia possono scatenare rabbia.

- **Problemi a scuola:** Difficoltà accademiche o problemi con insegnanti o compagni di classe possono essere fonti di frustrazione.

Tecniche e Strategie di Gestione della Rabbia:

1. **Riconoscimento e Accettazione:** Il primo passo è riconoscere e accettare che si è arrabbiati. Negare o reprimere la rabbia può solo peggiorare la situazione.

2. **Respirazione profonda:** Quando si avverte l'arrivo della rabbia, prendersi un momento per respirare profondamente può aiutare a calmare il sistema nervoso.

3. **Ritardare la Risposta:** Se possibile, prenditi una pausa prima di reagire. Questo può evitare reazioni impulsive e dare tempo per riflettere.

4. **Comunicazione non violenta:** Esprimi i tuoi sentimenti usando "io" piuttosto che "tu", evitando accuse o giudizi. Ad esempio, "Mi sento ferito quando..." invece di "Tu sempre...".

5. **Esercizio fisico:** L'attività fisica, come una corsa o qualche esercizio di stretching, può aiutare a liberare la tensione.

6. **Tecniche di rilassamento:** La meditazione, lo yoga o la musica rilassante possono aiutare a calmare la mente e il corpo.

7. **Scrivere:** Tenere un diario delle proprie emozioni può aiutare a comprendere e gestire meglio la rabbia.

8. **Cerca soluzioni:** Invece di focalizzarsi sul problema, cerca soluzioni. Questo può trasformare la rabbia da un'emozione distruttiva a una costruttiva.

9. **Cerca supporto:** Parla con qualcuno di fiducia, che può essere un amico, un familiare o un consigliere.

Conclusione: Gestire la rabbia è una competenza essenziale che può portare a una maggiore autocomprensione, relazioni migliori e una vita più soddisfacente. È particolarmente importante durante l'adolescenza, un periodo in cui i giovani stanno formando la propria identità e imparando come interagire in modo efficace con il mondo intorno a loro.

60. Autostima: Il valore di conoscersi e apprezzarsi

Definizione: L'autostima si riferisce a come una persona percepisce e valuta se stessa. È la somma delle opinioni e delle convinzioni che un individuo ha riguardo a sé stesso. Una sana autostima è essenziale per il benessere emotivo e psicologico.

Importanza: L'autostima gioca un ruolo cruciale in ogni aspetto della nostra vita. Una sana autostima può portare a relazioni positive, successo accademico e professionale e una visione ottimistica della vita. D'altro canto, una bassa autostima può portare a problemi di salute mentale, comportamenti autodistruttivi e difficoltà nelle relazioni interpersonali.

Cause della bassa autostima negli adolescenti:

1. **Critiche e giudizi:** Costante esposizione a commenti negativi da parte di genitori, insegnanti o coetanei.

2. **Fallimenti passati:** Esperienze di insuccesso in ambito accademico, sportivo o sociale.

3. **Confronto con gli altri:** Vivere in un'era dei social media può portare a confronti costanti con gli altri, portando spesso a sentimenti d'inferiorità.

4. **Problemi familiari:** Tensioni, conflitti o una mancanza di supporto in famiglia.

5. **Aspettative irrealistiche:** Imporsi standard troppo alti o cercare di vivere secondo le aspettative degli altri.

Strategie per rafforzare l'autostima:

1. **Auto-riflessione:** Prenditi del tempo per riflettere su chi sei, cosa ti piace di te stesso e le tue realizzazioni.

2. **Obiettivi realistici:** Imposta obiettivi raggiungibili e celebra i tuoi successi, non importa quanto piccoli possano essere.

3. **Evita i confronti:** Ricorda che ciascuno ha il suo percorso e le sue sfide. Compararsi costantemente con gli altri è un gioco in cui non si vince mai.

4. **Circondati di persone positive:** Avere amici e membri della famiglia che ti sostengono e ti apprezzano per quello che sei può fare una grande differenza.

5. **Affronta e accetta le tue imperfezioni:** Nessuno è perfetto. Riconosci le tue imperfezioni e accettale come parte di chi sei.

6. **Meditazione e affermazioni positive:** Pratica la meditazione e ripeti affermazioni positive su te stesso ogni giorno.

7. **Chiedi aiuto:** Se ritieni che la tua autostima sia un problema serio, cerca il supporto di un terapeuta o consigliere.

Conclusione: L'autostima è una pietra miliare del nostro benessere complessivo. Durante gli anni dell'adolescenza, dove l'identità si forma e si sviluppa, è fondamentale costruire una sana autostima. Questo servirà come fondamento per una vita adulta equilibrata e felice.

61. L'arte della comunicazione: Ascoltare più che parlare

Definizione: La comunicazione è l'atto di trasmettere informazioni da un individuo all'altro. Tuttavia, più che semplicemente trasmettere messaggi, la comunicazione effettiva richiede che una persona ascolti attivamente ciò che l'altra ha da dire, comprenda il messaggio e fornisca un feedback pertinente.

Importanza: Saper comunicare è fondamentale in ogni aspetto della vita, dalle relazioni personali a quelle lavorative. Una comunicazione efficace può prevenire fraintendimenti, costruire fiducia, risolvere conflitti e rafforzare legami.

Perché "ascoltare" è centrale:

1. **Dimostra rispetto:** Ascoltare qualcuno indica che valorizzi ciò che ha da dire.

2. **Facilita la comprensione:** Ascoltando, possiamo comprendere meglio il punto di vista dell'altro.

3. **Promuove empatia:** Ascoltare permette di mettersi nei panni dell'altro, favorisce l'empatia e la comprensione reciproca.

4. **Previene conflitti:** Molti conflitti nascono da fraintendimenti che possono essere evitati ascoltando attivamente.

Componenti dell'ascolto attivo:

1. **Attenzione:** Concentrarsi pienamente su chi sta parlando, senza lasciarsi distrarre.

2. **Non interrompere:** Lasciare che l'altro finisca di parlare prima di rispondere o esprimere il proprio punto di vista.

3. **Fornire feedback:** Far sapere all'altra persona che hai compreso ciò che ha detto attraverso commenti o domande.

4. **Chiedere chiarimenti:** Se qualcosa non è chiaro, chiedi spiegazioni.

5. **Evitare giudizi:** Ascolta senza formulare giudizi o opinioni premature.

6. **Rispondere empaticamente:** Mostra che comprendi le emozioni e i sentimenti dell'altro.

Migliorare le capacità di ascolto:

1. **Pratica l'attenzione piena:** Quando qualcuno ti parla, concentrati pienamente su di lui, evitando distrazioni come il cellulare o la televisione.

2. **Esercitati con esercizi di ascolto:** Cerca esercizi online o in libri per migliorare le tue capacità di ascolto.

3. **Fai domande:** Chiedere aiuta a dimostrare che stai ascoltando e che ti interessa ciò che l'altro sta dicendo.

4. **Riconosci i tuoi pregiudizi:** Sii consapevole di eventuali pregiudizi o opinioni che potrebbero influenzare il tuo ascolto e lavora per superarli.

Conclusione: La comunicazione va al di là delle sole parole. Ascoltare attivamente è una componente essenziale di una comunicazione efficace. Investire tempo e sforzi per sviluppare questa abilità può portare a relazioni più profonde e soddisfacenti in ogni ambito della vita.

62. La resilienza: affrontare le sfide con forza e determinazione

Definizione: La resilienza è la capacità di affrontare e superare avversità, traumi, tragedie e stress in modo efficace. È l'abilità di "rimbalzare" dalle difficoltà e adattarsi al cambiamento, continuando a andare avanti malgrado le sfide incontrate.

Importanza: Tutti, prima o poi, incontrano sfide e difficoltà nella vita. La resilienza è ciò che determina come rispondiamo a queste sfide. Essere resilienti non significa non provare dolore o angoscia, ma significa essere in grado di affrontare questi sentimenti, superarli e, a volte, crescere grazie ad essi.

Caratteristiche delle persone resilienti:

1. **Ottimismo realistico:** Le persone resilienti sono ottimiste, ma non ingenuamente. Riconoscono le difficoltà, ma credono nella propria capacità di superarle.

2. **Adattabilità:** Sono capaci di adattarsi ai cambiamenti e alle nuove circostanze.

3. **Soluzione orientata:** Si concentrano su soluzioni e strategie per affrontare i problemi piuttosto che rimuginare sui problemi stessi.

4. **Autoefficacia:** Hanno fiducia nelle proprie capacità di affrontare le sfide.

5. **Rete di supporto solida:** Sanno quando e come cercare aiuto e appoggio.

Sviluppare la resilienza:

1. **Fissa obiettivi realistici:** Stabilisci piccoli obiettivi per te stesso e lavora gradualmente per

raggiungerli. Ciò ti aiuta a guadagnare fiducia nelle tue capacità.

2. **Sviluppa abilità di problem-solving:** Dedica del tempo a riflettere sulle sfide che hai affrontato e su come le hai superate, e considera come potresti affrontare problemi simili in futuro.

3. **Stabilisci relazioni:** Costruisci e mantieni forti legami sociali. Le persone resilienti hanno spesso una solida rete di supporto.

4. **Evita di vedere le crisi come insormontabili:** Anche se non puoi cambiare un evento stressante, puoi cambiare la tua reazione ad esso.

5. **Accetta che il cambiamento fa parte della vita:** Essere flessibili e adattarsi alle circostanze può aiutarti a gestire meglio lo stress.

Conclusione: La resilienza è una capacità cruciale per navigare attraverso le tempeste della vita. Mentre alcune persone potrebbero essere naturalmente più resilienti, è anche una competenza che può essere sviluppata e affinata. Con impegno, riflessione e supporto, chiunque può imparare ad affrontare le sfide della vita con una maggiore forza e determinazione.

63. Gestione del tempo: L'arte di bilanciare priorità e impegni

Definizione: La gestione del tempo si riferisce all'abilità di pianificare e controllare quanto tempo si spende per specifiche attività, specialmente per aumentare l'efficacia, l'efficienza e la produttività.

Importanza: Nella frenesia della vita moderna, con infinite distrazioni e responsabilità che si accumulano ogni giorno, la gestione efficace del tempo è più importante che mai. Essa permette non solo di aumentare la produttività, ma anche di migliorare il benessere generale, ridurre lo stress e avere tempo per ciò che conta davvero.

Principi chiave della gestione del tempo:

1. **Prioritizzazione:** Non tutte le attività hanno lo stesso valore o la stessa urgenza. Sapere quali compiti hanno la priorità ti aiuta a focalizzarti su ciò che conta di più.

2. **Delegazione:** Non devi fare tutto da solo. Se ci sono compiti che possono essere fatti da altri, delega.

3. **Eliminazione:** Ci sono sempre attività o compiti che possono essere eliminati dalla tua lista o che non necessitano della tua attenzione immediata.

4. **Pianificazione:** Dedicare tempo a pianificare la tua giornata o settimana ti dà una visione chiara di ciò che devi fare e ti aiuta a rimanere concentrato.

Strategie per una gestione efficace del tempo:

1. **Utilizza strumenti di pianificazione:** Agende, calendari, app di gestione del tempo sono tutti utili per tenere traccia dei tuoi impegni e delle tue scadenze.

2. **Tecnica Pomodoro:** Questa tecnica implica lavorare intensamente per 25 minuti e poi prendere una pausa di 5 minuti. Aiuta a mantenere alta la concentrazione e a ridurre la stanchezza.

3. **Imposta deadline:** Anche se non ce n'è uno reale, fissare una scadenza ti aiuta a rimanere motivato e concentrato.

4. **Limita le distrazioni:** Trova un ambiente di lavoro tranquillo, metti via il telefono o utilizza app che limitano l'uso dei social media.

5. **Impara a dire "no":** Non puoi fare tutto. Sapere quando e come dire "no" è cruciale per garantire che tu possa concentrarti sulle tue priorità.

Conclusione: La gestione del tempo non riguarda solo il lavoro o la scuola; riguarda l'equilibrio tra tutte le aree della vita, tra cui il tempo libero, le relazioni e il benessere personale. Imparando a gestire efficacemente il tuo tempo, non solo raggiungerai i tuoi obiettivi, ma vivrai anche una vita più equilibrata e soddisfacente.

64. L'importanza dell'autodisciplina: Come allenare la tua volontà

Definizione: L'autodisciplina è la capacità di controllare e motivare se stessi, di resistere alle tentazioni a breve termine per raggiungere obiettivi a lungo termine. È l'atto di rinunciare a piaceri immediati in favore di un guadagno maggiore in futuro.

Importanza: Viviamo in un mondo di gratificazione immediata. Tuttavia, i veri successi e le realizzazioni spesso richiedono tempo, pazienza e sforzo continuo. L'autodisciplina funge da ponte tra i desideri e le realizzazioni, permettendoci di rimanere sul percorso giusto anche quando le circostanze diventano difficili.

Pilastri dell'autodisciplina:

1. **Consapevolezza:** Essere consapevoli dei propri comportamenti, abitudini e tentazioni è il primo passo per poter esercitare un controllo su di essi.

2. **Responsabilità:** Riconoscere che sei l'unico responsabile delle tue azioni e delle tue decisioni.

3. **Valori e obiettivi chiari:** Avere una chiara comprensione di ciò che si vuole raggiungere e dei motivi per cui si vuole farlo.

4. **Tolleranza alla frustrazione:** Capacità di affrontare ostacoli, ritardi e insuccessi senza perdere la motivazione o la direzione.

Strategie per sviluppare l'autodisciplina:

1. **Imposta obiettivi realistici:** Inizia con piccoli passi e celebra ogni traguardo raggiunto per costruire la fiducia in te stesso.

2. **Elimina le tentazioni:** Riduci le distrazioni e le tentazioni dal tuo ambiente di lavoro o studio.

3. **Fissa delle routine:** Le abitudini e le routine possono aiutare a rendere automatici comportamenti disciplinati.

4. **Pratica la gratitudine:** Concentrarsi su ciò che si ha, piuttosto che su ciò che si desidera, può ridurre il bisogno di gratificazioni immediate.

5. **Visualizzazione:** Immagina il successo e come ti sentirai una volta raggiunto il tuo obiettivo. Questa immagine può fungere da potente motivatore.

Benefici dell'autodisciplina:

- **Migliore autostima:** Con la capacità di seguire attraverso gli obiettivi, la tua autostima riceverà una spinta naturale.

- **Raggiungimento degli obiettivi:** Con una solida autodisciplina, la probabilità di raggiungere i tuoi obiettivi, sia grandi che piccoli, aumenta significativamente.

- **Migliore salute mentale e fisica:** Evitare la gratificazione immediata può portare a scelte più sane a lungo termine.

- **Riduzione dello stress:** Quando hai il controllo della tua vita e delle tue azioni, tendi a sperimentare meno stress.

Conclusione: Mentre la tentazione di cercare gratificazioni immediate è sempre presente, l'autodisciplina offre una via di mezzo, permettendoti di prendere decisioni che supportano i tuoi obiettivi a lungo termine. Attraverso la pratica e l'incoraggiamento, l'autodisciplina può diventare una seconda natura, fornendo la base per una vita di successo e soddisfazione.

65. L'arte della comunicazione: Come parlare e ascoltare efficacemente

Definizione: La comunicazione è il processo di trasmissione di informazioni, idee, emozioni e pensieri da una persona all'altra attraverso diversi mezzi come il linguaggio verbale, la scrittura e il linguaggio del corpo.

Importanza: La comunicazione efficace è essenziale in ogni aspetto della vita. Ci permette di esprimere i nostri pensieri, emozioni e bisogni, e di comprendere quelli degli altri. Una buona comunicazione previene incomprensioni, conflitti e errori, e promuove relazioni sane e produttive.

Elementi chiave della comunicazione efficace:

1. **Ascolto attivo:** Questo significa prestare piena attenzione all'altro, evitando di interrompere e cercando di comprendere pienamente ciò che sta dicendo.

2. **Chiarezza:** Esprimi i tuoi pensieri in modo chiaro e semplice, evitando ambiguità o termini complessi.

3. **Empatia:** Mettersi nei panni dell'altro e cercare di capire le sue emozioni e il suo punto di vista.

4. **Feedback:** Dare e ricevere feedback in modo costruttivo per assicurarsi che il messaggio sia stato compreso correttamente.

Strategie per migliorare la comunicazione:

1. **Mantenere il contatto visivo:** Questo dimostra che stai prestando attenzione e che ti importa di ciò che l'altra persona sta dicendo.

2. **Controlla il tono della voce:** Il modo in cui dici qualcosa può influenzare la percezione del tuo messaggio.

3. **Fai domande:** Questo dimostra il tuo interesse e ti aiuta a chiarire eventuali incomprensioni.

4. **Evita le distrazioni:** Quando comunichi con qualcuno, assicurati di essere presente al 100%.

5. **Pratica l'ascolto attivo:** Evita di pensare a cosa dire dopo e concentrati completamente su ciò che l'altra persona sta dicendo.

La comunicazione non verbale:

Il linguaggio del corpo, il contatto visivo, la postura e il tono della voce spesso trasmettono molto di più di quanto le parole possano fare. È essenziale essere consapevoli di questi segnali e di interpretarli correttamente.

Benefici di una comunicazione efficace:

- **Relazioni più forti:** Una comunicazione aperta e onesta rafforza la fiducia e la comprensione reciproca.

- **Decisioni migliori:** La comprensione chiara delle informazioni e delle emozioni conduce a decisioni più informate.

- **Risoluzione dei conflitti:** La maggior parte dei conflitti nasce da incomprensioni. La comunicazione efficace può prevenire o risolvere questi problemi.

- **Crescita personale e professionale:** La capacità di comunicare efficacemente è una competenza preziosa in molti ambiti della vita.

Conclusione: La comunicazione è un'abilità che può essere sviluppata e perfezionata. Prendendosi il tempo per praticare e riflettere su come comunichiamo, possiamo migliorare le nostre relazioni, prendere decisioni migliori e crescere sia personalmente che professionalmente.

66. L'importanza della resilienza: affrontare le sfide con forza e determinazione

Definizione: La resilienza è la capacità di adattarsi e superare avversità, traumi, tragedie, minacce o stress significativi. Si tratta di una qualità che permette di rimbalzare indietro da esperienze difficili e di continuare a andare avanti nonostante gli ostacoli.

Importanza: Vivere significa inevitabilmente affrontare sfide, siano esse piccole delusioni quotidiane o grandi traumi. La resilienza non solo aiuta a superare queste sfide, ma permette anche di crescere e sviluppare nuove abilità attraverso queste esperienze. Essere resilienti può migliorare la nostra salute mentale, ridurre il rischio di depressione e aumentare la soddisfazione nella vita.

Caratteristiche delle persone resilienti:

1. **Ottimismo realistico:** Una visione positiva della vita, ma ancorata nella realtà.

2. **Autoefficacia:** La convinzione di essere capaci di affrontare e superare le sfide.

3. **Flessibilità:** La capacità di adattarsi ai cambiamenti e trovare nuove soluzioni ai problemi.

4. **Conoscenza di sé:** Una chiara comprensione dei propri punti di forza e debolezza.

5. **Reti di sostegno:** Avere persone di fiducia su cui fare affidamento durante i momenti difficili.

Strategie per costruire la resilienza:

1. **Stabilire relazioni:** Creare legami solidi con familiari, amici e comunità può offrire sostegno e accettazione.

2. **Impostare obiettivi realistici:** Stabilire piccoli obiettivi da raggiungere e avanzare verso di essi può aumentare la fiducia in sé stessi.

3. **Accettare che il cambiamento fa parte della vita:** Riconoscere che la vita è in costante evoluzione e imparare a adattarsi.

4. **Prendersi cura di sé:** Dedicare tempo a sé stessi, sia mentalmente che fisicamente, può aiutare a rafforzare la resilienza.

5. **Evitare di vedere le crisi come insormontabili:** Anche se non è possibile cambiare un evento stressante, si può cambiare la reazione ad esso.

Esempi di resilienza:

1. **Recupero da una malattia grave:** Lavorare attraverso la riabilitazione e ritrovare la gioia nella vita.

2. **Affrontare una perdita:** Superare il dolore della perdita di un caro e trovare un nuovo senso nella vita.

3. **Superare fallimenti professionali:** Uscire da una delusione o un fallimento lavorativo e utilizzarlo come trampolino di lancio per nuove opportunità.

Conclusione: La resilienza è una qualità fondamentale che può essere sviluppata e coltivata. Attraverso la consapevolezza, la pratica e il sostegno, possiamo rafforzare la nostra resilienza e prepararci ad affrontare le sfide della vita con determinazione e forza.

67. Imparare a gestire il proprio tempo: l'arte della pianificazione e delle priorità

Definizione: La gestione del tempo si riferisce all'abilità di pianificare e controllare quanto tempo si spende su specifiche attività, soprattutto per aumentare l'efficienza e la produttività.

Importanza: Nell'era della digitalizzazione e delle infinite distrazioni, la capacità di gestire il proprio tempo è più preziosa che mai. Sia che tu stia cercando di bilanciare la scuola, lo sport, gli hobby, le relazioni o il lavoro, imparare a gestire il proprio tempo può significare la differenza tra sentirsi sopraffatti e avere una sensazione di controllo sulla propria vita.

Elementi chiave della gestione del tempo:

1. **Pianificazione:** La pianificazione include la previsione e l'organizzazione delle attività che devi svolgere.

2. **Stabilire priorità:** Determinare quali attività sono più urgenti o importanti e affrontarle per prime.

3. **Delegare:** Riconoscere quando e come distribuire le responsabilità ad altri, se possibile.

4. **Ridurre le distrazioni:** Minimizzare le interruzioni e le distrazioni per rimanere concentrato sul compito a portata di mano.

5. **Prendersi delle pause:** Le pause regolari possono migliorare la produttività e la qualità del lavoro.

Strategie per una gestione efficace del tempo:

1. **Utilizzare strumenti di pianificazione:** Diari, calendari, app per la gestione del tempo possono aiutarti a organizzarti.

2. **Tecnica del Pomodoro:** Lavorare intensamente per 25 minuti e poi prendere una pausa di 5 minuti.

3. **Impostare obiettivi SMART:** Specifici, Misurabili, Raggiungibili, Rilevanti, Temporalmente definiti.

4. **Rivedere e riflettere:** Alla fine di ogni giorno o settimana, esamina come hai trascorso il tuo tempo e apporta le necessarie regolazioni.

5. **Impara a dire no:** Non sovraccaricarti di impegni. Conosci i tuoi limiti.

Errori comuni nella gestione del tempo:

1. **Procrastinazione:** Rimandare le cose invece di affrontarle subito.

2. **Multitasking eccessivo:** Anche se può sembrare efficiente, spesso abbassa la qualità del lavoro.

3. **Non stabilire priorità:** Trattare ogni compito come se avesse la stessa importanza.

4. **Non prevedere buffer di tempo:** Non lasciare spazio tra i compiti può portare a sentirsi sovraccaricati e stressati.

Conclusione: La gestione del tempo è una competenza essenziale che può portare a una maggiore soddisfazione personale e professionale. Richiede pratica, riflessione e, talvolta, un po' di disciplina. Tuttavia, gli sforzi profusi per sviluppare buone abitudini di gestione del tempo possono portare a una maggiore produttività, minor stress e una migliore qualità della vita.

68. Impara a cucinare almeno 5 piatti base

Definizione: Imparare a cucinare rappresenta l'abilità di preparare cibi sani e gustosi utilizzando ingredienti grezzi. In questo contesto, concentriamoci su cinque piatti fondamentali che ogni ragazzo dovrebbe conoscere, che possono formare la base per molte altre ricette.

Importanza: La cucina non è solo un'abilità pratica ma è anche un modo per prendersi cura di se stessi e degli altri. Cucinare a casa può aiutare a risparmiare soldi, mangiare in modo più sano, e offre un'opportunità per la creatività e l'espressione personale.

Cinque piatti base e perché sono importanti:

1. **Pasta al pomodoro:**

   - *Benefici:* Facile da fare, richiede pochi ingredienti e può essere una base per molti altri piatti di pasta.

   - *Ingredienti base:* Pasta, pomodori pelati (o passata di pomodoro), aglio, olio d'oliva, sale e basilico.

   - *Varianti:* Aggiunta di carne tritata, peperoncino, olive, capperi ecc.

2. **Frittata:**

   - *Benefici:* Ottimo modo per utilizzare avanzi, versatile e può essere consumata a qualsiasi pasto.

   - *Ingredienti base:* Uova, sale, pepe e burro o olio.

   - *Varianti:* Verdure, formaggi, salumi, erbe aromatiche ecc.

3. **Pollo arrosto:**

   - *Benefici:* Abilità fondamentale nella preparazione della carne, si abbina bene con una varietà di contorni.

- *Ingredienti base:* Pollo intero, olio d'oliva o burro, sale, pepe.

- *Varianti:* Marinate diverse, erbe aromatiche, agrumi all'interno del pollo per aromatizzarlo ecc.

4. **Risotto:**

- *Benefici:* Insegna la pazienza e la precisione in cucina, versatile con molti ingredienti diversi.

- *Ingredienti base:* Riso Arborio, brodo, cipolla, vino bianco, burro e parmigiano.

- *Varianti:* Funghi, zafferano, frutti di mare, verdure, carne ecc.

5. **Zuppa di verdure:**

- *Benefici:* Ottimo modo per consumare verdure, nutriente e comfort food.

- *Ingredienti base:* Verdure miste (come carote, sedano, patate), brodo, olio d'oliva o burro, sale e pepe.

- *Varianti:* Crema di verdure, aggiunta di legumi o cereali, spezie diverse ecc.

Consigli per principianti:

1. **Fai pratica:** Come per tutte le abilità, più cucini, meglio diventi.

2. **Raccogli buone ricette:** Inizia con ricette semplici e segui le istruzioni alla lettera.

3. **Impara le tecniche di base:** Come tritare, soffriggere, bollire, ecc.

4. **Sii sicuro:** Segui le norme di sicurezza in cucina, specialmente quando si tratta di carne cruda e coltelli affilati.

5. **Divertiti:** La cucina è un'arte; sperimenta e goditi il processo!

Conclusione: Imparare a cucinare questi cinque piatti di base non solo ti fornirà abilità essenziali in cucina, ma ti permetterà anche di sperimentare e creare infinite varianti. Oltre a fornire cibo delizioso, cucinare può essere una fonte di orgoglio, un'opportunità per socializzare e un modo per esprimersi.

69. Sii consapevole della tua impronta digitale e della sicurezza online

Definizione: L'impronta digitale si riferisce alle informazioni e ai dati che una persona lascia online attraverso la navigazione sul web, l'uso delle app, i post sui social media e altre interazioni digitali. La sicurezza online, invece, riguarda la protezione di queste informazioni e la prevenzione contro le minacce digitali.

Importanza: Viviamo in un'era digitale, dove molte delle nostre interazioni avvengono online. Le informazioni che condividiamo, volontariamente o meno, possono avere ripercussioni significative sulla nostra privacy e sicurezza. Essere educati e consapevoli delle proprie azioni digitali è fondamentale per proteggersi dai rischi online.

Aspetti chiave da considerare:

1. **Privacy sui Social Media:**

   - Ogni post, commento o immagine condivisa diventa parte della tua impronta digitale.

   - Regola la privacy delle tue impostazioni sui social media, limitando chi può vedere cosa condividi.

   - Evita di condividere dettagli personali come indirizzi, numeri di telefono o informazioni finanziarie.

2. **Navigazione Sicura:**

   - Non visitare siti web sospetti o scaricare software da fonti non affidabili.

   - Utilizza una connessione VPN quando ti trovi in reti pubbliche per proteggere i tuoi dati.

   - Fai attenzione ai tentativi di phishing, che spesso si presentano come e-mail o messaggi da fonti apparentemente legittime.

3. **Gestione delle Password:**

   - Usa password complesse, evitando sequenze ovvie come "password123" o la tua data di nascita.

   - Cambia regolarmente le password e non utilizzare la stessa password per account diversi.

   - Considera l'uso di un gestore di password per mantenere traccia delle tue credenziali in modo sicuro.

4. **Backup dei Dati:**

   - Esegui regolarmente backup dei tuoi dati importanti, sia su dispositivi fisici come hard disk esterni sia su servizi cloud.

- Ciò ti proteggerà in caso di problemi come virus, malware o guasti hardware.

5. **Aggiornamenti di Sicurezza:**

   - Mantieni software, sistemi operativi e app sempre aggiornati. Gli aggiornamenti spesso contengono correzioni per vulnerabilità di sicurezza note.

Consigli per una navigazione sicura:

1. **Educa te stesso:** Rimanere informati sulle ultime minacce e soluzioni di sicurezza può aiutarti a prevenire potenziali problemi.

2. **Usa software di sicurezza:** Un buon antivirus e un firewall sono essenziali per proteggere il tuo dispositivo.

3. **Sii scettico:** Non dare automaticamente fiducia alle informazioni o alle richieste che ricevi online. Se qualcosa sembra sospetto, indaga ulteriormente.

4. **Limita la condivisione:** Pensa due volte prima di condividere qualcosa online. Una volta condiviso, può essere difficile, se non impossibile, eliminarlo completamente.

Conclusione: La consapevolezza della propria impronta digitale e della sicurezza online è essenziale nell'era digitale attuale. Proteggere te stesso e le tue informazioni dovrebbe essere una priorità, e con le giuste precauzioni, puoi navigare sul web e interagire online con maggiore tranquillità.

70. Sviluppare l'empatia e la comprensione per gli altri

Definizione: L'empatia è la capacità di percepire, comprendere e reagire alle emozioni, pensieri e esperienze di un'altra persona, mettendosi nei suoi panni. È un'abilità essenziale che facilita connessioni interpersonali profonde e costruisce relazioni di sostegno e comprensione.

Importanza: In un mondo sempre più interconnesso, l'empatia diventa una competenza fondamentale per superare le differenze culturali, sociali e personali. Promuove la comprensione reciproca, riduce i conflitti e aiuta a costruire comunità solidali.

Aspetti chiave da considerare:

1. **Ascolto Attivo:**

   - L'ascolto non è solo una questione di udito, ma anche di comprensione.

   - Concentrarsi sull'altro, evitando distrazioni, giudizi o interruzioni.

- Fornire feedback non verbale, come annuire o mantenere il contatto visivo, per mostrare che si sta davvero ascoltando.

2. **Riconoscere e Validare le Emozioni:**

- Anche se non si condividono le stesse emozioni o esperienze, riconoscere i sentimenti di qualcun altro è fondamentale.

- Frasi come "Posso immaginare come ti senti" o "Mi dispiace che tu stia passando per questo" possono fare la differenza.

3. **Evitare Giudizi Precipitati:**

- Ogni persona ha una storia e delle circostanze uniche. Non trarre conclusioni affrettate sulle azioni o le reazioni degli altri.

- Cercare di capire il contesto e le motivazioni dietro le loro parole e comportamenti.

4. **Pratica l'Auto-consapevolezza:**

- Riconoscere le proprie emozioni e pregiudizi può aiutare a comprendere meglio gli altri.

- Rifletti sulle tue reazioni e su come influenzano la tua percezione degli altri.

5. **Comunicazione Empatica:**

- Usa un linguaggio che esprima comprensione e sostegno.

- Evita di minimizzare o ridicolizzare le esperienze o i sentimenti di un'altra persona.

Consigli per coltivare l'empatia:

1. **Educarsi:** Esplora libri, film o documentari che presentano diverse culture, esperienze o prospettive.

2. **Mettiti alla prova:** Mettiti volontariamente in situazioni che ti costringono ad uscire dalla tua zona di comfort. Ciò potrebbe includere il volontariato in una comunità diversa dalla tua o la partecipazione a gruppi di discussione.

3. **Meditazione e Mindfulness:** Queste pratiche possono aiutare a sviluppare la consapevolezza di sé e degli altri.

4. **Chiedi e Ascolta:** Invece di supporre, fai domande per comprendere meglio le persone attorno a te.

Conclusione: L'empatia è più di una semplice abilità; è un modo di vivere e interagire con il mondo. Nella complessità delle relazioni umane, l'empatia serve come ponte, permettendo una connessione autentica e comprensione reciproca. Sviluppare questa qualità non solo arricchisce la propria vita, ma migliora anche la società nel suo insieme.

71. La gestione dello stress e dell'ansia

Definizione: La gestione dello stress e dell'ansia si riferisce alle tecniche e strategie utilizzate per controllare e ridurre gli effetti negativi dello stress e dell'ansia sulla nostra salute mentale, emotiva e fisica.

Importanza: Il periodo adolescenziale è ricco di cambiamenti, sfide e pressioni. Sapere come gestire lo stress e l'ansia è fondamentale per il benessere generale, la concentrazione, la produttività e le relazioni sane. Senza una gestione efficace, lo stress cronico può portare a problemi di salute a lungo termine.

Aspetti chiave da considerare:

1. **Riconoscimento dei Segnali:**

   - Lo stress e l'ansia manifestano segnali fisici, come mal di testa, insonnia, stanchezza, o disturbi gastrointestinali.

   - A livello emotivo, possono manifestarsi come irritabilità, apatia, tristezza o nervosismo.

- Riconoscere questi sintomi aiuta a intervenire tempestivamente.

2. **Tecniche di Rilassamento:**

   - **Respirazione profonda:** Concentrarsi sulla propria respirazione, inalando ed esalando lentamente, può calmare la mente e il corpo.

   - **Meditazione:** La pratica regolare della meditazione può aiutare a ridurre i livelli di ansia e a migliorare la consapevolezza di sé.

   - **Visualizzazione positiva:** Immaginare scenari rilassanti o esiti positivi può contribuire a ridurre l'ansia.

3. **Esercizio Fisico:**

   - L'attività fisica rilascia endorfine, che sono neurotrasmettitori che agiscono come analgesici naturali e migliorano l'umore.

   - Anche una breve camminata può avere effetti benefici.

4. **Limitare Stimolanti e Depressori:**

   - Caffeina, zucchero e alcune droghe possono aumentare l'ansia. Limitarne il consumo può essere benefico.

- Anche se l'alcool può sembrare rilassante, può in realtà aumentare i livelli di ansia quando l'effetto svanisce.

5. **Pianificazione e Organizzazione:**

   - Avere una routine quotidiana e settimanale, fare liste, stabilire priorità e prendersi delle pause può ridurre il senso di essere sopraffatti.

Consigli per una gestione efficace:

1. **Parla dei Tuoi Sentimenti:** Condividere i propri pensieri e preoccupazioni con qualcuno di fidato può offrire sollievo e prospettiva.

2. **Riduci le Distrazioni:** Limite l'uso di dispositivi elettronici, soprattutto prima di dormire.

3. **Imposta Limiti:** Impara a dire "no" quando sei sopraffatto da impegni o responsabilità.

4. **Ricerca Supporto Professionale:** Se lo stress e l'ansia diventano ingombranti, può essere utile cercare l'aiuto di un professionista, come un terapeuta o un consigliere.

Conclusione: La gestione dello stress e dell'ansia non significa eliminare completamente questi sentimenti, ma piuttosto imparare a navigarli in modo efficace.

Attraverso la pratica e la consapevolezza, è possibile vivere una vita più bilanciata e sana, anche di fronte alle sfide e alle pressioni della vita adolescenziale.

72. L'importanza dell'umiltà

Definizione: L'umiltà si riferisce alla qualità di non vedere o presentare se stessi come superiore agli altri, riconoscendo le proprie limitazioni e accettando le critiche costruttive. È l'antitesi dell'arroganza e della presunzione.

Importanza: Nella vita, la capacità di essere umili apre molte porte. Ci permette di apprendere dagli altri, di evolverci come individui e di stabilire relazioni sincere e autentiche. L'umiltà è un fondamento per la leadership efficace e una comunicazione genuina.

Aspetti chiave da considerare:

1. **Auto-riflessione:**

   - La capacità di esaminare criticamente se stessi, riconoscere i propri errori e imparare da essi è essenziale per l'umiltà.

- Ci incoraggia a migliorare e a crescere come individui.

2. **Ascolto Attivo:**

- Ascoltare veramente gli altri, piuttosto che aspettare il proprio turno per parlare, è un segno di rispetto e considerazione.

- Ci permette di apprendere dalle esperienze e dai punti di vista degli altri.

3. **Evitare la Presunzione:**

- Non presumere di sapere tutto o di avere sempre ragione. Riconoscere che ogni individuo ha qualcosa di unico da offrire.

4. **Gratitudine:**

- Apprezzare ciò che si ha e riconoscere il contributo degli altri alla propria vita è una chiave per l'umiltà.

- Esercitarsi nella gratitudine quotidiana può aiutare a mantenere un'attitudine umile.

5. **Accettare Feedback e Critiche:**

- Anziché respingere o difendersi dalle critiche, considerarle come opportunità di crescita.

- Ascolta, rifletti e, se appropriato, apporta cambiamenti.

Consigli per praticare l'umiltà:

1. **Impegnarsi nell'Apprendimento Continuo:** Riconosci che c'è sempre qualcosa di nuovo da imparare e cerca attivamente nuove opportunità di apprendimento.

2. **Evita di Paragonarti agli Altri:** Ogni individuo ha un proprio percorso unico. Confrontare te stesso con gli altri può portare a sentimenti di superiorità o inferiorità.

3. **Ringrazia Spesso:** Mostra apprezzamento per gli sforzi e le gentilezze degli altri.

4. **Chiedi Aiuto:** Non aver paura di chiedere aiuto quando ne hai bisogno. Riconoscere le proprie limitazioni non è un segno di debolezza, ma di forza.

Conclusione: L'umiltà è una virtù che arricchisce le relazioni, favorisce la crescita personale e permette di vivere una vita di rispetto reciproco e comprensione. In un mondo in cui l'auto-promozione è spesso al primo posto, scegliere la via dell'umiltà può essere un potente mezzo per distinguersi e vivere in modo autentico.

73. La consapevolezza delle proprie emozioni

Definizione: La consapevolezza delle proprie emozioni, spesso chiamata intelligenza emotiva o consapevolezza emotiva, riguarda la capacità di riconoscere, comprendere e gestire le proprie emozioni, nonché di intuire le emozioni degli altri.

Importanza: Essere in sintonia con le proprie emozioni e comprenderle è fondamentale per il benessere mentale ed emotivo. Questa capacità non solo ti permette di rispondere adeguatamente agli eventi esterni, ma ti aiuta anche a costruire relazioni sane, prendere decisioni ponderate e affrontare lo stress in modo efficace.

Aspetti chiave da considerare:

1. **Riconoscimento:**

   - Prima di poter gestire le emozioni, è essenziale riconoscerle. Ciò richiede una riflessione interiore e l'attenzione ai segnali che il corpo invia, come le sensazioni fisiche o i pensieri che accompagnano un'emozione.

2. **Comprensione:**

   - Oltre a riconoscere un'emozione, è importante comprenderne la causa. Chiediti: "Perché mi sento così?" Questo può aiutarti a individuare e affrontare la radice del problema.

3. **Regolazione:**

   - Una volta riconosciute e comprese le emozioni, si può lavorare sulla loro regolazione. Ciò può includere tecniche come la meditazione, la respirazione profonda o il parlare delle proprie emozioni con qualcuno di fidato.

4. **Empatia:**

   - La consapevolezza delle proprie emozioni spesso conduce a una maggiore empatia verso gli altri, poiché comprendi le tue emozioni e puoi quindi relazionarti meglio alle emozioni altrui.

Consigli per sviluppare la consapevolezza emotiva:

1. **Diario Emotivo:** Dedicare qualche minuto ogni giorno a scrivere su come ti senti può aiutarti a diventare più consapevole delle tue emozioni e a riconoscere schemi o trigger.

2. **Pratica la Mindfulness:** La meditazione e altre pratiche di consapevolezza possono aiutarti a concentrarti sul presente e a riconoscere le tue emozioni senza giudizio.

3. **Cerca Feedback:** Parla delle tue emozioni con amici o familiari di fiducia e chiedi loro di condividere le loro osservazioni sulle tue reazioni emotive.

4. **Educazione Emotiva:** Leggere libri o frequentare corsi sull'intelligenza emotiva può fornire strumenti e tecniche per comprendere e gestire le emozioni.

Conclusione: La consapevolezza delle proprie emozioni è una competenza vitale che influisce su ogni aspetto della vita, dalle decisioni personali alle interazioni con gli altri. Coltivarla può portare a una vita più equilibrata, a relazioni più profonde e a una maggiore resilienza di fronte alle sfide.

74. L'arte di ascoltare

Definizione: L'arte di ascoltare si riferisce alla capacità di prestare piena attenzione a qualcun altro mentre parla, comprendere ciò che dice, e rispondere in modo appropriato. Va oltre il semplice sentire parole; implica una connessione profonda e un'empatia autentica verso l'oratore.

Importanza: Essere un buon ascoltatore è fondamentale in ogni relazione, sia essa amicizia, famiglia o amore. Ascoltare attivamente mostra rispetto, comprensione e apertura verso l'altro, facilitando la comunicazione e rafforzando i legami tra le persone.

Aspetti chiave da considerare:

1. **Attenzione Piena:**

   - Significa essere completamente presenti nel momento, evitando distrazioni come il telefono, la TV o i propri pensieri.

2. **Ascolto Non Giudicante:**

   - Ascoltare senza pregiudizi o preconcetti permette di comprendere veramente il punto di vista dell'altro.

3. **Risposte Verbali e Non Verbali:**

   - Annuire, mantenere un contatto visivo e fornire feedback verbale come "capisco" o "dimmi di più" sono segni di ascolto attivo.

4. **Evitare di Interrompere:**

   - Interrompere l'oratore può fargli sentire di non essere valorizzato o compreso. È fondamentale attendere che l'oratore abbia finito prima di rispondere.

Consigli per sviluppare l'abilità di ascoltare:

1. **Pratica l'Ascolto Attivo:**

   - Questo implica ripetere o parafrasare ciò che l'oratore ha detto per assicurarsi di averlo compreso correttamente.

2. **Mantenere una Mente Aperta:**

   - Evitare di saltare a conclusioni precipitose. Anche se non si è d'accordo con l'oratore, è importante cercare di comprendere il suo punto di vista.

3. **Chiedi Domande:**

   - Se qualcosa non è chiaro, chiedere all'oratore di elaborare o spiegare meglio.

4. **Esamina i Tuoi Preconcetti:**

   - Rifletti su eventuali pregiudizi o preconcetti che potresti avere e come potrebbero influenzare il tuo ascolto.

Conclusione: Sviluppare l'arte di ascoltare può trasformare le tue relazioni e la tua capacità di comunicare. Non solo sentirai e comprenderai meglio gli altri, ma ti guadagnerai anche il rispetto e la fiducia di coloro con cui interagisci, creando connessioni più profonde e significative.

75. L'importanza della resilienza

Definizione: La resilienza è la capacità di adattarsi e recuperare da situazioni stressanti, traumi o avversità. In altre parole, è la capacità di rimanere forte e positivi anche quando si affrontano sfide difficili.

Importanza: La resilienza è cruciale nella vita, specialmente nell'adolescenza, quando si verificano molte transizioni e cambiamenti. Essa aiuta a superare le difficoltà, a mantenere la salute mentale e a sviluppare una prospettiva di lungo termine più ottimistica.

Aspetti chiave da considerare:

1. **Accettazione della Realtà:**

   - La resilienza inizia con l'accettazione della realtà delle situazioni difficili. Non negare o minimizzare i problemi, ma affrontali con onestà.

2. **Cognizione Ottimistica:**

   - Una mentalità ottimistica implica credere che, nonostante le avversità, ci sono opportunità per il cambiamento e la crescita.

3. **Rete di Supporto:**

- Avere una rete di amici e familiari con cui condividere le proprie esperienze e problemi può essere fondamentale per la resilienza.

4. **Autocura:**

- Prendersi cura di sé stessi a livello fisico e mentale è importante. Ciò include una dieta equilibrata, esercizio fisico regolare e il tempo per il relax e l'autoriflessione.

Consigli per sviluppare la resilienza:

1. **Sviluppa una Mentalità Ottimistica:**

- Vedi le sfide come opportunità per crescere anziché come ostacoli insormontabili.

2. **Fai Pianificazione Strategica:**

- Identifica obiettivi a breve e lungo termine per guidare le tue azioni durante le difficoltà.

3. **Meditazione e Mindfulness:**

- Queste pratiche possono aiutare a sviluppare la consapevolezza e la capacità di affrontare lo stress in modo più efficace.

4. **Apprendi da Errori e Fallimenti:**

   - Vedi gli errori come opportunità di apprendimento e non come fallimenti personali.

5. **Costruisci Relazioni Sane:**

   - Coltiva relazioni con persone che ti sostengono e ti ispirano.

Conclusione: La resilienza è una qualità che può essere sviluppata e rafforzata nel corso della vita. Imparare a gestire lo stress, affrontare le avversità e mantenere una mentalità positiva può fare la differenza nel tuo benessere emotivo e nel successo a lungo termine.

76. L'importanza della gentilezza e dell'empatia online

Definizione: La gentilezza e l'empatia online si riferiscono alla pratica di comportarsi in modo gentile, rispettoso ed empatico durante le interazioni su Internet e sui social media. Questo comprende il trattamento delle persone online con la stessa considerazione e rispetto che si applicherebbero nella vita offline.

Importanza: Nell'era digitale, le interazioni online sono diventate una parte significativa della vita di molti adolescenti. La gentilezza e l'empatia online sono fondamentali per creare un ambiente virtuale positivo e sano, prevenire il cyberbullismo e promuovere relazioni online costruttive.

Aspetti chiave da considerare:

1. **Trattare gli Altri con Rispetto:**

    - Tratta gli altri online con lo stesso rispetto che vorresti ricevere.

    - Evita il linguaggio offensivo o denigratorio.

2. **Pensare Prima di Pubblicare:**

    - Prima di condividere un post o un commento, rifletti su come potrebbe essere interpretato e se potrebbe ferire qualcuno.

3. **Combattere l'Anonimato Negativo:**

    - L'anonimato può portare alcune persone a comportarsi in modo maleducato o aggressivo online. Evita di cadere in questa trappola e promuovi una cultura online più gentile.

4. **Praticare l'Ascolto Empatico:**

- Quando qualcuno condivide un problema online, mostra empatia e offri supporto, anche se non conosci la persona di persona.

-

Consigli per promuovere gentilezza ed empatia online:

1. **Educazione Digitale:**

- Impara a riconoscere le trappole comuni delle interazioni online, come la disinformazione, e come affrontarle.

2. **Segnala Comportamenti Negativi:**

- Se incontri comportamenti offensivi o minacciosi online, segnala questi comportamenti alle piattaforme appropriate.

3. **Condividi Contenuti Positivi:**

- Contribuisci a creare un ambiente online più positivo condividendo contenuti che ispirino, educino o intrattengano in modo costruttivo.

4. **Coinvolgi gli Altri in Conversazioni Significative:**

   - Partecipa a discussioni online che promuovono la comprensione e il dialogo costruttivo.

Conclusione: La gentilezza e l'empatia online sono fondamentali per creare un ambiente virtuale che rifletta i valori di rispetto e comprensione reciproca. Anche se il mondo online può sembrare distante dalla vita reale, le interazioni online possono avere un impatto profondo sul benessere e sulla salute mentale degli adolescenti.

77. La gestione delle relazioni interpersonali

Definizione: La gestione delle relazioni interpersonali si riferisce all'abilità di costruire, mantenere e gestire relazioni sane ed efficaci con gli altri. Questa abilità è fondamentale per il successo personale e professionale, poiché le relazioni sono al centro di gran parte della nostra vita.

Importanza: Nell'adolescenza, le relazioni con gli amici, la famiglia e i compagni di scuola sono di fondamentale importanza. Imparare a gestire queste relazioni in modo positivo può influenzare il benessere emotivo e la crescita personale. Inoltre, le competenze di gestione delle relazioni sono essenziali per la carriera e per sviluppare una rete professionale.

Aspetti chiave da considerare:

1. **Comunicazione Efficace:**

   - Imparare a comunicare chiaramente ed ascoltare attentamente è fondamentale per risolvere conflitti e costruire legami forti.

2. **Empatia:**

   - Comprendere e condividere i sentimenti degli altri è un elemento chiave per costruire relazioni empatiche e solidali.

3. **Rispetto reciproco:**

   - Il rispetto reciproco è alla base di qualsiasi relazione sana. Significa trattare gli altri con dignità e considerazione.

4. **Gestione dei Conflitti:**

   - Imparare a gestire i conflitti in modo costruttivo, anziché evitare o sopprimere i problemi, è importante per risolvere le differenze.

5. **Stabilire Limiti Sani:**

   - Imparare a dire "no" quando necessario e a stabilire confini sani è essenziale per preservare il proprio benessere.

Consigli per sviluppare la gestione delle relazioni interpersonali:

1. **Lavora sulla tua empatia:** Cerca di metterti nei panni degli altri per capire meglio i loro punti di vista e sentimenti.

2. **Ascolta attivamente:** Pratica l'ascolto attivo durante le conversazioni, ponendo domande e riflettendo sulle risposte per dimostrare interesse genuino.

3. **Sii aperto al feedback:** Accetta il feedback in modo costruttivo e utilizzalo per migliorare te stesso e le tue relazioni.

4. **Comunica chiaramente:** Impara a esprimere i tuoi pensieri e sentimenti in modo chiaro e rispettoso.

5. **Tratta gli altri come vorresti essere trattato:** Applica il principio della reciprocità nel rispetto e nella gentilezza.

Conclusione: La gestione delle relazioni interpersonali è una competenza fondamentale per una vita sana e gratificante. Imparare a comunicare in modo efficace, a comprendere gli altri e a risolvere i conflitti può migliorare notevolmente la qualità delle relazioni personali e professionali.

78. La gestione del tempo ed efficiente pianificazione

Definizione: La gestione del tempo è la pratica di pianificare e utilizzare il tempo in modo efficace per raggiungere obiettivi personali e professionali. Implica l'organizzazione delle attività quotidiane, la definizione di priorità e il mantenimento di un equilibrio tra lavoro, studio e tempo libero.

Importanza: La gestione del tempo è una competenza chiave per il successo nella vita, poiché il tempo è una risorsa limitata e preziosa. Imparare a gestire il proprio tempo in modo efficiente può migliorare la produttività, ridurre lo stress e consentire di perseguire obiettivi con successo.

Aspetti chiave da considerare:

1. **Pianificazione:**

   - La pianificazione è il cuore della gestione del tempo. Significa stabilire obiettivi, creare liste di attività da svolgere e assegnare tempo per ciascuna attività.

2. **Priorità:**

   - Identificare le attività più importanti e urgenti è essenziale. La matrice di Eisenhower è un utile strumento per stabilire priorità.

3. **Delegare:**

   - Impara a delegare compiti quando possibile. Non devi fare tutto da solo; coinvolgi gli altri quando appropriato.

4. **Eliminare le Distrazioni:**

   - Le distrazioni come il telefono, i social media o la TV possono rubare tempo prezioso. Impara a gestire queste distrazioni.

5. **Flessibilità:**

   - La vita è imprevedibile. Prevedi spazi vuoti nella tua giornata per affrontare imprevisti o momenti di relax.

Consigli per migliorare la gestione del tempo:

1. **Tieni un Agenda:** Usa un calendario o un'app per organizzare gli impegni e le scadenze.

2. **Imposta Obiettivi Realistici:** Sii realistico riguardo a quanto tempo richiedono le attività e pianifica di conseguenza.

3. **Impara a Dire "No":** Non devi accettare ogni richiesta o invito. Impara a dire "no" quando è necessario proteggere il tuo tempo.

4. **Pausa e Ricarica:** Fornisci spazi nella tua giornata per il riposo e la ricarica. Riposare bene può aumentare la produttività.

Conclusione: La gestione del tempo è una competenza trasversale che influenza positivamente tutti gli aspetti della vita, dall'istruzione al lavoro e al tempo libero. Imparare a gestire il proprio tempo in modo efficace è una parte essenziale della crescita personale e professionale.

79. Lo sviluppo della consapevolezza finanziaria

Definizione: La consapevolezza finanziaria riguarda la comprensione e la gestione delle proprie finanze personali. Questo include la capacità di pianificare il budget, risparmiare, investire, evitare il debito e prendere decisioni finanziarie informate.

Importanza: Sviluppare la consapevolezza finanziaria è essenziale per garantire una stabilità finanziaria a lungo termine e prendere decisioni finanziarie responsabili. Questa competenza è fondamentale per evitare il debito e costruire un futuro finanziario sicuro.

Aspetti chiave da considerare:

1. **Budgeting:**

   - Imparare a creare e seguire un budget ti aiuta a tenere traccia delle entrate e delle spese, garantendo che il denaro venga gestito in modo efficace.

2. **Risparmio:**

   - Mettere da parte una parte delle entrate per il risparmio è fondamentale per affrontare spese impreviste e pianificare per il futuro.

3. **Investimenti:**

   - Comprendere le opzioni di investimento, come azioni, obbligazioni e fondi comuni, può aiutarti a far crescere il tuo patrimonio nel tempo.

4. **Evitare il Debito Eccessivo:**

   - Impara a usare il credito responsabilmente e a evitare il debito eccessivo, che può diventare un onere finanziario significativo.

5. **Educazione Finanziaria:**

   - Continua ad apprendere e ad aumentare la tua conoscenza finanziaria attraverso libri, corsi o consulenza finanziaria professionale.

Consigli per sviluppare la consapevolezza finanziaria:

1. **Monitora le tue spese:** Tieni un registro accurato delle tue spese per identificare le aree in cui puoi risparmiare.

2. **Impara a investire:** Acquisisci conoscenze sulle opzioni di investimento e inizia a investire in modo responsabile.

3. **Crea un fondo di emergenza:** Metti da parte almeno tre-sei mesi di spese in un conto di risparmio ad alta remunerazione per affrontare emergenze finanziarie.

4. **Riduci il debito:** Focalizzati sulla riduzione del debito, in particolare sui debiti ad alto interesse, come quelli delle carte di credito.

5. **Cerca consulenza finanziaria:** Se ti senti confuso o sopraffatto dalle tue finanze, considera

la possibilità di consultare un consulente finanziario professionale.

Conclusione: La consapevolezza finanziaria è una competenza vitale per garantire la stabilità finanziaria e il benessere futuro. Investire tempo ed energie nello sviluppo di questa competenza può portare a una vita finanziaria più sicura e al raggiungimento dei tuoi obiettivi finanziari.

80. La promozione della salute mentale

Definizione: La promozione della salute mentale riguarda l'adozione di abitudini e strategie per mantenere una buona salute mentale e prevenire problemi legati alla salute mentale, come l'ansia, la depressione o lo stress eccessivo.

Importanza: La salute mentale è un aspetto cruciale del benessere complessivo. Promuovere una buona salute mentale può migliorare la qualità della vita, le relazioni e la capacità di affrontare le sfide quotidiane.

Aspetti chiave da considerare:

1. **Autocura:**

   - Prendersi cura di se stessi è fondamentale. Ciò include l'adeguato riposo, una dieta equilibrata, l'esercizio fisico regolare e il rilassamento.

2. **Condivisione delle Emozioni:**

   - Parla apertamente delle tue emozioni con amici, familiari o uno psicologo, se necessario.

3. **Gestione dello Stress:**

   - Impara tecniche di gestione dello stress, come la meditazione o la respirazione profonda.

4. **Riduzione dell'Isolamento Sociale:**

   - Mantieni una rete sociale attiva e coinvolgiti in attività sociali.

5. **Educazione sulla Salute Mentale:**

   - Informarti sulla salute mentale, i sintomi delle condizioni mentali comuni e come cercare aiuto in caso di necessità.

Consigli per promuovere la salute mentale:

1. **Pratica la gratitudine:** Prenditi del tempo ogni giorno per riflettere su ciò per cui sei grato. Questo può aumentare il tuo benessere emotivo.

2. **Cerca il supporto:** Non esitare a cercare aiuto professionale se stai affrontando problemi di

salute mentale. Uno psicologo o uno psichiatra possono offrire supporto e trattamento.

3. **Mantieni una routine:** Una routine regolare può fornire una struttura stabile che può contribuire a mantenere la tua salute mentale.

4. **Cura del corpo e della mente:** Riconosci l'importanza di prenderti cura sia del tuo corpo che della tua mente. L'esercizio fisico, la nutrizione e la gestione dello stress possono influenzare positivamente la tua salute mentale.

5. **Sostegno sociale:** Cerca il sostegno degli amici e della famiglia quando ne hai bisogno e offri il tuo sostegno quando gli altri ne hanno bisogno.

Conclusione: La promozione della salute mentale è una parte fondamentale del benessere complessivo. Investire nella tua salute mentale attraverso la cura di te stesso e il ricorso a risorse esterne quando necessario può migliorare la tua qualità di vita e la tua capacità di affrontare sfide emotive.

81. La gestione delle emozioni

Definizione: La gestione delle emozioni è l'abilità di riconoscere, comprendere e gestire le proprie emozioni in modo sano ed efficace. Include anche la capacità di comunicare in modo appropriato ciò che si sente agli altri.

Importanza: La gestione delle emozioni è fondamentale per il benessere emotivo e per la costruzione di relazioni sane. Essa consente di affrontare lo stress, risolvere i conflitti in modo costruttivo e prendere decisioni basate sulla razionalità anziché sull'impulsività.

Aspetti chiave da considerare:

1. **Riconoscimento Emotivo:**

   - Imparare a identificare le emozioni che si stanno sperimentando è il primo passo per gestirle in modo efficace.

2. **Accettazione delle Emozioni:**

   - Accettare che tutte le emozioni, comprese quelle negative, sono normali e legittime.

3. **Regolazione Emotiva:**

   - Imparare a gestire le emozioni in modo sano attraverso strategie come la meditazione, la respirazione profonda o l'esercizio fisico.

4. **Comunicazione Empatica:**

   - Imparare a comunicare i propri sentimenti in modo chiaro ed empatico, evitando l'aggressività o la repressione emotiva.

5. **Empatia verso gli Altri:**

- Comprendere e rispettare le emozioni degli altri è fondamentale per le relazioni interpersonali.

Consigli per migliorare la gestione delle emozioni:

1. **Tieni un diario emotivo:** Tieni un diario in cui annoti le tue emozioni e le situazioni che le hanno scatenate. Questo può aiutarti a riconoscere i modelli e le sfide emotive.

2. **Pratica la mindfulness:** La mindfulness ti aiuta a vivere nel momento presente, a riconoscere le tue emozioni senza giudicarle e a rispondere invece di reagire impulsivamente.

3. **Impara a chiedere aiuto:** Se stai lottando con emozioni intense o persistenti, considera la possibilità di consultare uno psicologo o un counselor per un supporto professionale.

4. **Sviluppa una rete di supporto:** Condividere le tue emozioni con amici fidati o familiari può essere un modo efficace per gestirle.

Conclusione: La gestione delle emozioni è fondamentale per il benessere emotivo e le relazioni interpersonali. Imparare a riconoscere, comprendere e gestire le emozioni in modo efficace può portare a una vita più equilibrata e gratificante.

82. L'importanza dell'educazione sessuale e della consapevolezza sessuale

Definizione: L'educazione sessuale è un processo che fornisce informazioni e istruzione sulla sessualità umana, inclusi temi come la pubertà, la contraccezione, le malattie sessualmente trasmissibili (MST), le relazioni interpersonali e la salute sessuale. La consapevolezza sessuale riguarda la comprensione e il rispetto delle proprie esigenze e dei propri limiti sessuali.

Importanza: Un'educazione sessuale accurata e la consapevolezza sessuale sono fondamentali per prendere decisioni informate sulla sessualità, promuovere relazioni sessuali sicure e prevenire gravidanze indesiderate e MST. Inoltre, favoriscono il rispetto delle scelte sessuali degli altri e la comunicazione aperta sulle questioni sessuali.

Aspetti chiave da considerare:

1. **Anatomia e Fisiologia:** Comprendere la struttura e la funzione degli organi sessuali maschili e femminili.

2. **Contraccezione:** Imparare su metodi di contraccezione efficaci per evitare gravidanze non desiderate.

3. **MST:** Informarsi sulle MST, come si diffondono e come prevenirle.

4. **Consapevolezza Sessuale:** Capire le proprie preferenze sessuali, i limiti personali e la comunicazione delle esigenze sessuali.

5. **Consentimento:** Comprendere il significato del consenso e l'importanza di ottenere il consenso prima di qualsiasi attività sessuale.

Consigli per promuovere l'educazione e la consapevolezza sessuale:

1. **Comunicazione Aperta:** Fornisci uno spazio sicuro per discutere questioni sessuali con i giovani, rispondendo alle loro domande in modo onesto e senza giudizio.

2. **Informazioni Accurate:** Assicurati di fornire informazioni accurate e basate sulla scienza sull'educazione sessuale, evitando miti o informazioni sbagliate.

3. **Educazione Continua:** Mantieniti aggiornato sulle ultime informazioni riguardo la salute sessuale e le questioni correlate.

4. **Promozione della Consapevolezza Sessuale:** Sottolinea l'importanza della consapevolezza sessuale, del rispetto dei limiti personali e della comunicazione aperta nelle relazioni intime.

Conclusione: L'educazione sessuale e la consapevolezza sessuale sono fondamentali per la salute sessuale e il benessere emotivo. Offrire informazioni accurate e promuovere una comunicazione aperta sulle questioni sessuali aiuta a creare una generazione di individui consapevoli e responsabili nelle loro scelte sessuali e relazioni.

83. Lo sviluppo delle competenze di problem solving

Definizione: Le competenze di problem solving sono abilità cognitive che consentono di affrontare le sfide, risolvere i problemi e prendere decisioni informate in modo efficace. Questa competenza comprende la capacità di analizzare situazioni, identificare soluzioni possibili e scegliere la migliore opzione.

Importanza: Lo sviluppo delle competenze di problem solving è cruciale per affrontare le sfide quotidiane e raggiungere obiettivi personali e professionali. Aiuta anche a sviluppare una mentalità critica e creativa, migliorando la capacità di adattarsi a nuove situazioni.

Aspetti chiave da considerare:

1. **Identificazione del Problema:** Comprendere chiaramente quale sia il problema o la sfida che si sta affrontando.

2. **Analisi:** Esaminare attentamente la situazione, identificando le cause e gli effetti del problema.

3. **Generazione di Soluzioni:** Pensare in modo creativo per generare diverse opzioni per risolvere il problema.

4. **Valutazione delle Opzioni:** Valutare le diverse soluzioni in base ai loro vantaggi e svantaggi.

5. **Attuazione:** Mettere in atto la soluzione scelta in modo efficace.

Consigli per migliorare le competenze di problem solving:

1. **Pratica il pensiero critico:** Esaminare le situazioni da diverse prospettive e cercare sempre di capire le cause sottostanti dei problemi.

2. **Affronta i problemi gradualmente:** Scomponi problemi complessi in passi più piccoli e affrontali uno alla volta.

3. **Impara dalla tua esperienza:** Rifletti sulle tue decisioni passate e su come avresti potuto affrontare i problemi in modo diverso.

4. **Collabora con gli altri:** A volte, risolvere problemi richiede una prospettiva diversa. Lavorare in gruppo può portare a soluzioni più creative.

Conclusione: Lo sviluppo delle competenze di problem solving è essenziale per affrontare le sfide della vita quotidiana e raggiungere obiettivi a lungo termine. Questa competenza non solo migliora la tua capacità di risolvere problemi, ma contribuisce anche a sviluppare una mentalità critica e creativa che può essere applicata in molteplici contesti.

84. L'apprendimento delle competenze di pensiero critico

Definizione: Il pensiero critico è la capacità di valutare in modo obiettivo, analitico e riflessivo le informazioni, le situazioni o le idee. Implica la capacità di analizzare, sintetizzare e valutare le informazioni in modo critico per prendere decisioni informate.

Importanza: Il pensiero critico è fondamentale per prendere decisioni ben ponderate, risolvere problemi complessi e valutare le informazioni in modo critico. Migliora anche la capacità di analizzare criticamente le informazioni provenienti da diverse fonti, contribuendo a prendere decisioni basate su evidenze.

Aspetti chiave da considerare:

1. **Analisi:** La capacità di esaminare attentamente un argomento o una situazione, suddividerlo in parti più piccole e comprendere le relazioni tra queste parti.

2. **Valutazione:** La capacità di valutare le informazioni in base alla loro attendibilità, coerenza e rilevanza.

3. **Sintesi:** La capacità di riassumere informazioni complesse in modo chiaro e conciso.

4. **Riflessione:** La capacità di riflettere criticamente sulle proprie convinzioni e opinioni, considerando prospettive diverse.

5. **Risoluzione dei problemi:** Applicare il pensiero critico per risolvere problemi complessi in modo efficace.

Consigli per migliorare il pensiero critico:

1. **Fai domande:** Pratica l'arte di fare domande aperte e critiche su ciò che leggi, ascolti o osservi.

2. **Valuta le fonti:** Impara a valutare la credibilità delle fonti di informazione e a cercare fonti affidabili.

3. **Esercita la riflessione:** Dedica del tempo alla riflessione su argomenti complessi, considerando diverse prospettive e argomentazioni.

4. **Discussione critica:** Partecipa a discussioni in cui è richiesto il pensiero critico, ascoltando e rispondendo in modo obiettivo.

Conclusione: Il pensiero critico è una competenza trasversale essenziale che migliora la capacità di analizzare, sintetizzare e valutare informazioni in modo obiettivo. Sviluppare il pensiero critico può migliorare le decisioni personali e professionali e contribuire a una comprensione più profonda del mondo circostante.

85. L'importanza delle competenze di comunicazione interpersonale

Definizione: Le competenze di comunicazione interpersonale si riferiscono alla capacità di comunicare efficacemente con gli altri nelle relazioni personali e professionali. Queste abilità includono l'ascolto attivo, la capacità di esprimere idee chiaramente, la gestione dei conflitti e la creazione di relazioni positive.

Importanza: Le competenze di comunicazione interpersonale sono essenziali in tutti gli aspetti della vita. Sono fondamentali per costruire relazioni interpersonali sane e soddisfacenti, collaborare in modo efficace sul lavoro e risolvere i conflitti in modo costruttivo.

Aspetti chiave da considerare:

1. **Ascolto Attivo:** Imparare a ascoltare veramente gli altri, prestando attenzione a ciò che dicono e mostrando empatia.

2. **Comunicazione Chiara:** Esprimere idee e pensieri in modo chiaro e comprensibile, evitando ambiguità.

3. **Gestione dei Conflitti:** Imparare a gestire i conflitti in modo costruttivo, cercando soluzioni piuttosto che alimentare la discordia.

4. **Empatia:** Comprendere e rispettare le emozioni e le prospettive degli altri.

5. **Comunicazione Non Verbale:** Essere consapevoli dei segnali non verbali, come il linguaggio del corpo e l'espressione facciale, che possono influenzare la comunicazione.

Consigli per migliorare le competenze di comunicazione interpersonale:

1. **Pratica l'ascolto attivo:** Fai domande, conferma la comprensione e rispondi in modo appropriato durante le conversazioni.

2. **Esercita la comunicazione assertiva:**
   Impara a esprimere i tuoi bisogni e opinioni in
   modo rispettoso e diretto.

3. **Sviluppa l'empatia:** Cerca di metterti nei
   panni degli altri e considera le loro prospettive e
   sentimenti.

4. **Comunica in modo non verbale efficace:**
   Fai attenzione ai segnali non verbali che
   trasmetti e sii consapevole del loro impatto.

Conclusione: Le competenze di comunicazione
interpersonale sono fondamentali per costruire
relazioni significative e avere successo in varie aree
della vita. L'investimento nella tua capacità di
comunicare efficacemente con gli altri può migliorare
la qualità delle tue relazioni personali e professionali,
contribuendo al tuo benessere complessivo.

86. L'importanza dell'educazione finanziaria

Definizione: L'educazione finanziaria è un processo
che fornisce conoscenze e competenze sulle questioni
finanziarie personali, inclusa la gestione del denaro, gli
investimenti, il risparmio, il debito e la pianificazione
finanziaria.

Importanza: L'educazione finanziaria è
fondamentale per garantire una stabilità finanziaria a
lungo termine e prendere decisioni finanziarie

informate. Aiuta le persone a evitare il debito e a costruire un futuro finanziario sicuro.

Aspetti chiave da considerare:

1. **Budgeting:** Imparare a creare e seguire un budget per gestire le entrate e le spese in modo efficace.

2. **Risparmio:** Mettere da parte una parte delle entrate per il risparmio e l'investimento a lungo termine.

3. **Investimenti:** Comprendere le opzioni di investimento, come azioni, obbligazioni e fondi comuni, per far crescere il patrimonio nel tempo.

4. **Evitare il Debito Eccessivo:** Imparare a usare il credito responsabilmente e a evitare il debito eccessivo, che può diventare un onere finanziario significativo.

5. **Educazione Finanziaria Continua:** Continuare ad apprendere e a aumentare la conoscenza finanziaria attraverso libri, corsi o consulenza finanziaria professionale.

Consigli per migliorare l'educazione finanziaria:

1. **Monitora le tue spese:** Tieni un registro accurato delle tue spese per identificare le aree in cui puoi risparmiare.

2. **Impara a investire:** Acquisisci conoscenze sulle opzioni di investimento e inizia a investire in modo responsabile.

3. **Crea un fondo di emergenza:** Metti da parte almeno tre-sei mesi di spese in un conto di risparmio ad alta remunerazione per affrontare emergenze finanziarie.

4. **Riduci il debito:** Focalizzati sulla riduzione del debito, in particolare sui debiti ad alto interesse, come quelli delle carte di credito.

5. **Cerca consulenza finanziaria:** Se ti senti confuso o sopraffatto dalle tue finanze, considera la possibilità di consultare un consulente finanziario professionale.

Conclusione: L'educazione finanziaria è una competenza vitale per garantire la stabilità finanziaria e il benessere futuro. Investire tempo ed energie nello sviluppo di questa competenza può portare a una vita finanziaria più sicura e al raggiungimento dei tuoi obiettivi finanziari.

87. L'importanza della responsabilità ambientale

Definizione: La responsabilità ambientale si riferisce alla consapevolezza e all'azione verso comportamenti e decisioni che contribuiscano alla protezione e alla conservazione dell'ambiente naturale. Ciò include la riduzione degli sprechi, il risparmio energetico, la gestione dei rifiuti in modo sostenibile e la promozione di pratiche eco-friendly.

Importanza: La responsabilità ambientale è cruciale per affrontare le sfide ambientali globali, come il cambiamento climatico, la perdita di biodiversità e l'inquinamento. Contribuire a un ambiente più sano beneficia non solo le generazioni presenti, ma anche quelle future.

Aspetti chiave da considerare:

1. **Riduzione dei Rifiuti:** Minimizzare la produzione di rifiuti attraverso il riciclo, il riutilizzo e la riduzione dei consumi non necessari.

2. **Risparmio Energetico:** Ridurre il consumo di energia attraverso l'uso di fonti di energia rinnovabile e pratiche di efficienza energetica.

3. **Conservazione delle Risorse:** Utilizzare in modo sostenibile le risorse naturali, come l'acqua e le foreste.

4. **Sostegno alle Iniziative Ambientali:** Sostenere organizzazioni e iniziative che lavorano per la conservazione dell'ambiente.

5. **Educazione Ambientale:** Promuovere la consapevolezza e l'educazione ambientale per comprendere meglio le sfide ambientali.

Consigli per promuovere la responsabilità ambientale:

1. **Riduci, Riutilizza, Ricicla:** Adotta il motto delle "3 R" per ridurre gli sprechi e l'impatto ambientale.

2. **Risparmia energia:** Spegli le luci quando non servono, usa apparecchiature a basso consumo energetico e riduci l'uso di veicoli a motore quando possibile.

3. **Sostieni il commercio equo e sostenibile:** Acquista prodotti provenienti da aziende che promuovono pratiche commerciali sostenibili.

4. **Partecipa alle iniziative locali:** Unisciti a gruppi o progetti locali di protezione dell'ambiente per contribuire alla tua comunità.

5. **Condividi la tua conoscenza:** Educa gli altri sulle questioni ambientali e l'importanza della responsabilità ambientale.

Conclusione: La responsabilità ambientale è fondamentale per preservare il nostro pianeta per le generazioni future. Anche le azioni individuali possono avere un impatto significativo nella mitigazione dei cambiamenti climatici e nella conservazione della biodiversità. Promuovere una responsabilità ambientale consapevole è un impegno verso un futuro sostenibile.

88. La promozione della diversità, dell'equità e dell'inclusione (DEI)

Definizione: La diversità, l'equità e l'inclusione (DEI) sono principi che promuovono la convivenza pacifica, il rispetto delle differenze e l'uguaglianza di opportunità per tutte le persone, indipendentemente da razza, genere, orientamento sessuale, religione, disabilità o altre caratteristiche personali.

Importanza: La promozione della DEI è fondamentale per costruire società giuste ed equilibrate, promuovendo il rispetto reciproco e l'uguaglianza. Contribuisce alla creazione di ambienti più inclusivi in famiglia, nella comunità e sul posto di lavoro.

Aspetti chiave da considerare:

1. **Rispetto per la diversità:** Accettare e rispettare le differenze tra le persone, inclusi i loro background culturali, etnici, di genere e altro.

2. **Equità:** Garantire che tutti abbiano le stesse opportunità e gli stessi diritti, indipendentemente dalle loro caratteristiche personali.

3. **Inclusione:** Creare ambienti in cui tutte le persone si sentano accettate e valorizzate per chi sono.

4. **Lotta contro la discriminazione:** Combattere attivamente la discriminazione e promuovere la parità di trattamento.

5. **Consapevolezza e formazione:** Educarsi e formarsi sulla diversità e sull'inclusione per comprendere meglio le questioni legate alla DEI.

Consigli per promuovere la DEI:

1. **Ascolta e apprendi:** Ascolta le storie e le esperienze delle persone provenienti da background diversi per comprendere meglio le sfide che affrontano.

2. **Sii un alleato:** Sostieni attivamente le persone che subiscono discriminazione e usa la tua voce per promuovere la DEI.

3. **Partecipa a iniziative DEI:** Unisciti a organizzazioni o gruppi che promuovono la diversità, l'equità e l'inclusione.

4. **Promuovi l'inclusione:** Cerca di creare ambienti inclusivi nelle tue relazioni personali e professionali, dove ognuno si sente accolto e rispettato.

Conclusione: La promozione della diversità, dell'equità e dell'inclusione è essenziale per costruire società giuste ed equilibrate. Ognuno può contribuire a questo obiettivo attraverso il rispetto delle differenze, la lotta contro la discriminazione e la promozione di ambienti inclusivi in tutte le sfere della vita. La DEI porta a una società più forte e unita.

89. Lo sviluppo delle competenze di leadership

Definizione: Le competenze di leadership comprendono una serie di abilità e qualità che consentono a un individuo di guidare, influenzare e motivare gli altri in modo efficace verso il raggiungimento di obiettivi comuni. Queste competenze sono essenziali in ambito professionale e possono essere applicate anche in contesti personali.

Importanza: Lo sviluppo delle competenze di leadership è cruciale per avere successo in vari aspetti della vita. Le buone abilità di leadership permettono di gestire team in modo efficiente, prendere decisioni ponderate e ispirare gli altri a dare il loro meglio.

Aspetti chiave da considerare:

1. **Comunicazione:** La capacità di comunicare chiaramente e in modo efficace con gli altri, sia a livello verbale che non verbale.

2. **Visione e Obiettivi:** L'abilità di sviluppare una visione a lungo termine e stabilire obiettivi chiari per se stessi e per il team.

3. **Gestione del Tempo:** La capacità di pianificare, organizzare e gestire il tempo in modo efficiente per massimizzare la produttività.

4. **Toma di Decisioni:** Il coraggio di prendere decisioni difficili e di assumersi la responsabilità delle conseguenze.

5. **Empatia:** Comprendere e rispettare le emozioni e le prospettive degli altri.

Consigli per sviluppare competenze di leadership:

1. **Assumi responsabilità:** Cercare attivamente opportunità per assumersi la guida in situazioni professionali o personali.

2. **Apprendimento continuo:** Cerca occasioni di formazione e sviluppo personale per migliorare le tue competenze di leadership.

3. **Mentorship:** Cerca un mentore o un modello di leadership da cui imparare e ricevere consigli.

4. **Feedback:** Chiedi feedback agli altri per identificare aree di miglioramento nelle tue competenze di leadership.

5. **Esempi positivi:** Studia esempi di leader di successo e cerca di comprendere le strategie e le qualità che li hanno resi efficaci.

Conclusione: Sviluppare competenze di leadership è fondamentale per avere successo in molteplici sfere della vita. L'investimento nel miglioramento delle tue abilità di leadership può aprire opportunità, migliorare le tue relazioni e aiutarti a raggiungere i tuoi obiettivi personali e professionali.

90. La promozione della resilienza

Definizione: La resilienza è la capacità di affrontare le sfide, le difficoltà e le avversità della vita in modo efficace, adattandosi e riprendendosi in seguito a situazioni stressanti o traumatiche. È una caratteristica personale che può essere sviluppata nel corso del tempo.

Importanza: La resilienza è fondamentale per affrontare le sfide e le difficoltà che la vita può presentare. Aiuta a gestire lo stress, a superare le crisi personali e a mantenere un buon equilibrio emotivo.

Aspetti chiave da considerare:

1. **Adattamento:** La capacità di adattarsi a nuove situazioni e cambiamenti in modo flessibile.

2. **Resistenza allo stress:** Mantenere un buon equilibrio emotivo e affrontare lo stress in modo costruttivo.

3. **Risoluzione dei problemi:** Saper affrontare i problemi in modo efficace, cercando soluzioni e imparando dalle difficoltà.

4. **Autostima:** Avere una buona autostima e una visione positiva di sé stessi, che aiuta a superare le sfide con fiducia.

5. **Rete di supporto:** Avere un sistema di supporto sociale forte, con amici e familiari a cui rivolgersi in momenti di difficoltà.

Consigli per sviluppare la resilienza:

1. **Accetta il cambiamento:** Accetta che il cambiamento è parte della vita e cerca di adattarti in modo positivo.

2. **Sviluppa il problem solving:** Impara a risolvere i problemi in modo efficace e a vedere le sfide come opportunità di crescita.

3. **Coltiva la mindfulness:** La pratica della mindfulness può aiutarti a gestire lo stress e a mantenere la calma in situazioni difficili.

4. **Crea una rete di supporto:** Avere amici e familiari a cui rivolgersi in momenti di bisogno è fondamentale per la resilienza.

5. **Educazione emotiva:** Migliora la tua consapevolezza emotiva e impara a gestire le tue emozioni in modo sano.

Conclusione: La resilienza è una competenza chiave per affrontare le sfide della vita in modo costruttivo. Può essere sviluppata e migliorata nel tempo attraverso pratiche e abitudini positive. Essere resilienti aiuta a mantenere un benessere emotivo e a superare le difficoltà con fiducia.

91. La promozione del benessere mentale

Definizione: Il benessere mentale si riferisce a uno stato di equilibrio emotivo e psicologico in cui una persona è in grado di gestire lo stress, le emozioni, le relazioni e le sfide quotidiane in modo sano e produttivo. È una componente essenziale della salute generale.

Importanza: Il benessere mentale influisce su tutti gli aspetti della vita di una persona, inclusa la salute fisica, le relazioni, il lavoro e la qualità della vita complessiva. Promuovere il benessere mentale aiuta a prevenire problemi di salute mentale e a vivere una vita più soddisfacente.

Aspetti chiave da considerare:

1. **Consapevolezza Emotiva:** Essere consapevoli delle proprie emozioni e saperle gestire in modo sano.

2. **Gestione dello Stress:** Imparare a gestire lo stress attraverso tecniche di rilassamento, mindfulness e strategie di coping.

3. **Relazioni Salutari:** Coltivare relazioni positive e supportanti con gli altri.

4. **Autostima:** Avere una buona autostima e una visione positiva di sé stessi.

5. **Equilibrio Vita-Lavoro:** Mantenere un equilibrio sano tra lavoro e vita personale.

Consigli per promuovere il benessere mentale:

1. **Pratica la mindfulness:** La mindfulness aiuta a essere presenti nel momento e a ridurre l'ansia sul futuro o il rimpianto del passato.

2. **Esercizio fisico:** L'attività fisica regolare ha dimostrato di avere benefici significativi per il benessere mentale.

3. **Alimentazione sana:** Una dieta equilibrata e nutriente può influenzare positivamente l'umore e la salute mentale.

4. **Cura di sé:** Dedica tempo per rilassarti, praticare hobby, e prenderti cura del tuo corpo e della tua mente.

5. **Cerca supporto:** Parla con amici, familiari o un professionista della salute mentale se ti senti sopraffatto o hai bisogno di aiuto.

Conclusione: Il benessere mentale è essenziale per una vita sana e soddisfacente. Promuovere il proprio benessere mentale attraverso pratiche quotidiane e il ricorso a risorse di supporto può migliorare la qualità della vita e prevenire problemi di salute mentale.

92. L'importanza dell'istruzione continua

Definizione: L'istruzione continua è il processo di apprendimento e sviluppo che continua dopo il completamento della formazione formale o dell'istruzione iniziale. Questo può includere corsi, formazioni, seminari, letture o esperienze pratiche per acquisire nuove conoscenze e competenze.

Importanza: L'istruzione continua è cruciale in un mondo in cui le conoscenze e le tecnologie evolvono rapidamente. Mantenere la mente aperta all'apprendimento continuo consente di rimanere aggiornati, migliorare le prospettive di carriera e accrescere il proprio bagaglio di competenze.

Aspetti chiave da considerare:

1. **Apprendimento permanente:** La mentalità dell'apprendimento permanente implica il desiderio e l'impegno a imparare costantemente.

2. **Sviluppo delle competenze:** L'acquisizione di nuove competenze o l'approfondimento di quelle esistenti per migliorare l'efficienza e la competitività.

3. **Adattabilità:** Essere disposti a cambiare e adattarsi alle nuove condizioni e alle nuove conoscenze.

4. **Soddisfazione personale:** L'apprendimento continuo può portare a una maggiore soddisfazione personale e realizzazione.

5. **Miglioramento delle prospettive di carriera:** Acquisire nuove competenze può aprire porte a nuove opportunità di lavoro o promozioni.

Consigli per promuovere l'istruzione continua:

1. **Imposta obiettivi di apprendimento:** Stabilisci obiettivi specifici per ciò che desideri imparare o raggiungere attraverso l'istruzione continua.

2. **Scopri le tue passioni:** Scegli argomenti o settori che ti interessano e che suscitano la tua curiosità.

3. **Sfrutta le risorse online:** Utilizza le risorse online, come corsi ed educazione a distanza, per accedere a una vasta gamma di materiale didattico.

4. **Unisciti a gruppi o organizzazioni:** Partecipa a gruppi di studio o associazioni professionali per connetterti con altri apprendenti.

5. **Mantieni un diario di apprendimento:** Tieni traccia dei tuoi progressi e delle tue

esperienze di apprendimento per valutare il tuo sviluppo.

Conclusione: L'istruzione continua è essenziale per rimanere rilevanti in un mondo in costante cambiamento. Promuovere e coltivare l'istruzione continua può portare a un arricchimento personale e professionale, offrendo nuove opportunità e prospettive nella vita.

93. La promozione della creatività e dell'innovazione

Definizione: La creatività è la capacità di generare idee nuove e originali, mentre l'innovazione è il processo di trasformare queste idee in realtà pratiche e utili. La promozione della creatività e dell'innovazione riguarda la creazione di ambienti e mindset che incoraggiano e supportano questi processi.

Importanza: La creatività e l'innovazione sono fondamentali per il progresso in vari campi, tra cui la tecnologia, l'arte, l'impresa e la scienza. Fanno avanzare la società, stimolano la crescita economica e offrono soluzioni a problemi complessi.

Aspetti chiave da considerare:

1. **Pensiero fuori dagli schemi:** Abbracciare la mentalità di pensiero creativo, che sfida le convenzioni e le soluzioni tradizionali.

2. **Rischi calcolati:** Essere disposti a sperimentare e a prendere rischi intelligenti nel perseguire nuove idee.

3. **Collaborazione:** Lavorare in squadra e condividere idee con altre persone per ottenere prospettive diverse.

4. **Apprendimento continuo:** Mantenere una mente aperta all'apprendimento e all'acquisizione di nuove conoscenze che possono alimentare la creatività.

5. **Problemi complessi:** Utilizzare la creatività per affrontare problemi complessi e trovare soluzioni innovative.

Consigli per promuovere la creatività e l'innovazione:

1. **Cultiva la curiosità:** Sii curioso e interessato a imparare su una vasta gamma di argomenti e settori.

2. **Sfida te stesso:** Mettiti alla prova regolarmente cercando di risolvere problemi complessi o di

trovare nuovi modi per affrontare le sfide quotidiane.

3. **Cerca ispirazione:** Espandi le tue fonti di ispirazione, esplorando nuovi luoghi, arte, letteratura e cultura.

4. **Mantieni un diario delle idee:** Tieni un registro delle tue idee, anche le più strane, per esplorarle in seguito.

5. **Fai domande:** Poni domande aperte e sfidanti per stimolare la riflessione e la creatività.

Conclusione: La promozione della creatività e dell'innovazione è essenziale per il progresso e il successo in vari aspetti della vita. Coltivare queste abilità può portare a soluzioni più inventive, idee imprenditoriali più forti e una maggiore soddisfazione personale attraverso l'espressione creativa.

94. Lo sviluppo delle competenze interpersonali

Definizione: Le competenze interpersonali, note anche come competenze sociali o abilità relazionali, si riferiscono alla capacità di interagire efficacemente con gli altri, stabilire relazioni positive e comunicare in modo efficace. Queste competenze sono fondamentali in contesti personali e professionali.

Importanza: Le competenze interpersonali sono cruciali per il successo in molteplici aspetti della vita, inclusi il lavoro di squadra, la leadership, le relazioni personali e la gestione dei conflitti. Sono essenziali per costruire connessioni significative con gli altri.

Aspetti chiave da considerare:

1. **Comunicazione efficace:** La capacità di esprimere pensieri ed emozioni in modo chiaro ed empatico.

2. **Empatia:** Comprendere e rispettare le emozioni e le prospettive degli altri.

3. **Gestione dei conflitti:** Affrontare e risolvere i conflitti in modo costruttivo, cercando soluzioni che soddisfino entrambe le parti.

4. **Ascolto attivo:** Essere in grado di ascoltare attentamente gli altri, dimostrando interesse per ciò che dicono.

5. **Cooperazione:** Lavorare bene in squadra, collaborando con gli altri per raggiungere obiettivi comuni.

Consigli per sviluppare le competenze interpersonali:

1. **Pratica l'ascolto attivo:** Dedica tempo per ascoltare davvero ciò che gli altri dicono, senza interruzioni o giudizi.

2. **Sii empatico:** Cerca di metterti nei panni degli altri e di comprendere le loro emozioni e prospettive.

3. **Migliora la tua comunicazione:** Lavora sulla chiarezza della tua comunicazione, sia verbale che non verbale, e fai domande per chiarire i punti.

4. **Gestisci i conflitti:** Impara a gestire i conflitti in modo costruttivo, cercando soluzioni che soddisfino tutte le parti coinvolte.

5. **Crea relazioni positive:** Sviluppa relazioni basate sulla fiducia, il rispetto reciproco e il supporto reciproco.

Conclusione: Le competenze interpersonali sono fondamentali per costruire connessioni significative con gli altri e per avere successo in molti aspetti della vita. Svilupparle richiede pratica e consapevolezza, ma può portare a relazioni più positive e soddisfacenti, nonché a una maggiore efficacia nella comunicazione e nel lavoro di squadra.

95. La promozione dell'autostima e della fiducia in se stessi

Definizione: L'autostima è la valutazione soggettiva che una persona ha di sé stessa. La fiducia in se stessi è la convinzione nella propria capacità di affrontare le sfide e raggiungere gli obiettivi. Entrambe sono componenti cruciali della salute mentale e del benessere.

Importanza: L'autostima e la fiducia in se stessi influenzano notevolmente la qualità della vita e il successo personale. Una buona autostima e una fiducia in se stessi solide favoriscono relazioni positive, il raggiungimento degli obiettivi e la resilienza nell'affrontare le difficoltà.

Aspetti chiave da considerare:

1. **Accettazione di sé:** Essere in grado di accettarsi per chi si è, con pregi e difetti.

2. **Autenticità:** Rimanere fedeli a se stessi e ai propri valori, senza cercare di essere qualcun altro.

3. **Riflessione positiva:** Focalizzarsi sui propri successi e punti di forza anziché concentrarsi solo sui fallimenti.

4. **Gestione dell'autocritica:** Ridurre l'autocritica e imparare a trattarsi con gentilezza e compassione.

5. **Affrontare le sfide:** Avere la fiducia necessaria per affrontare le sfide e superare gli ostacoli.

Consigli per promuovere l'autostima e la fiducia in se stessi:

1. **Pratica l'auto-comprensione:** Conosci te stesso, i tuoi interessi, i tuoi valori e le tue passioni.

2. **Accetta i tuoi difetti:** Accetta che nessuno è perfetto e che i difetti fanno parte della tua unicità.

3. **Sfida le credenze limitanti:** Identifica e sfida le convinzioni negative su te stesso che possono minare la tua autostima.

4. **Ricorda i tuoi successi:** Teni traccia dei tuoi successi e delle tue realizzazioni per ricordarti delle tue capacità.

5. **Cerca supporto:** Parla con amici, familiari o un professionista della salute mentale se l'autostima bassa o la mancanza di fiducia in se stessi sono problemi persistenti.

Conclusione: Promuovere un'alta autostima e una forte fiducia in se stessi è essenziale per avere successo e per condurre una vita soddisfacente. Sviluppare queste abilità richiede tempo e pratica, ma può portare a una maggiore felicità, autenticità e realizzazione personale.

96. L'importanza della gestione del tempo

Definizione: La gestione del tempo è l'abilità di pianificare, organizzare e allocare il tempo in modo efficiente per svolgere attività specifiche, raggiungere obiettivi e mantenere un equilibrio tra lavoro, vita personale e hobby.

Importanza: Una gestione del tempo efficace è essenziale per massimizzare la produttività, ridurre lo stress, raggiungere gli obiettivi personali e professionali, e migliorare la qualità della vita.

Aspetti chiave da considerare:

1. **Pianificazione:** La capacità di definire obiettivi chiari e pianificare come raggiungerli.

2. **Priorità:** Identificare e assegnare priorità alle attività più importanti e urgenti.

3. **Organizzazione:** Creare una struttura e un sistema per gestire le attività e le scadenze.

4. **Tempo personale:** Assicurarsi di avere tempo per il riposo, il relax e le attività ricreative.

5. **Adattabilità:** Essere in grado di adattarsi ai cambiamenti e alle impreviste interruzioni nella pianificazione.

Consigli per migliorare la gestione del tempo:

1. **Stabilisci obiettivi chiari:** Definisci obiettivi specifici e misurabili per guidare le tue attività quotidiane.

2. **Usa un calendario o un'app per la gestione del tempo:** Tieni traccia delle scadenze, delle riunioni e delle attività pianificate.

3. **Priorità quotidiane:** Ogni giorno, identifica le 2-3 attività più importanti da completare.

4. **Delega o impara a dire "no":** Non tentare di fare tutto da solo; impara a delegare compiti quando possibile e a rifiutare gentilmente richieste che sovraccaricherebbero la tua agenda.

5. **Fai pause regolari:** Prenditi il tempo per rilassarti e ricaricarti durante la giornata per mantenere l'energia e la concentrazione.

Conclusione: Una gestione del tempo efficace è una competenza chiave per affrontare le sfide quotidiane e raggiungere il successo personale e professionale. Sviluppare quest'abilità richiede pratica e disciplina, ma può migliorare notevolmente la qualità della tua vita e la tua capacità di raggiungere i tuoi obiettivi.

97. La promozione dell'alfabetizzazione finanziaria

Definizione: L'alfabetizzazione finanziaria è la capacità di comprendere e gestire le questioni finanziarie personali in modo responsabile. Questo include la conoscenza di concetti finanziari fondamentali come risparmio, investimenti, debiti, bilancio e pianificazione finanziaria.

Importanza: L'alfabetizzazione finanziaria è essenziale per prendere decisioni finanziarie informate, evitare problemi di debito e prepararsi per il futuro finanziario. Aiuta a creare una base solida per il benessere finanziario personale e familiare.

Aspetti chiave da considerare:

1. **Risparmio:** Imparare a risparmiare denaro in modo regolare e disciplinato.

2. **Investimenti:** Comprendere i vari veicoli di investimento e come allocare il denaro in modo da farlo crescere nel tempo.

3. **Debito:** Gestire il debito in modo responsabile e prendere decisioni informate sull'indebitamento.

4. **Pianificazione finanziaria:** Creare un piano finanziario a lungo termine che includa obiettivi di risparmio per la pensione, assicurazione e altre considerazioni finanziarie.

5. **Budget:** Imparare a creare e rispettare un bilancio che tenga conto delle entrate e delle spese.

Consigli per promuovere l'alfabetizzazione finanziaria:

1. **Formazione finanziaria:** Cerca corsi o risorse online che offrano informazioni sulla gestione finanziaria personale.

2. **Leggi libri finanziari:** Ci sono molte risorse scritte da esperti finanziari che possono aiutarti a comprendere meglio il mondo delle finanze.

3. **Consulenza finanziaria:** Se necessario, consulta un consulente finanziario per ottenere consulenza personalizzata.

4. **Creazione di obiettivi finanziari:** Stabilisci obiettivi finanziari chiari e pianifica come raggiungerli.

5. **Mantenimento delle registrazioni finanziarie:** Tieni traccia delle tue entrate e delle tue spese per avere una visione chiara della tua situazione finanziaria.

Conclusione: L'alfabetizzazione finanziaria è una competenza fondamentale per la gestione efficace delle risorse finanziarie personali. Investire tempo ed energia nell'acquisizione di conoscenze finanziarie può portare a una maggiore sicurezza finanziaria e a una migliore pianificazione per il futuro.

98. La promozione dell'empatia e della compassione

Definizione: L'empatia è la capacità di comprendere e condividere le emozioni e le prospettive degli altri. La compassione è il desiderio di aiutare gli altri in difficoltà o di alleviare il loro dolore. Entrambe sono qualità essenziali per costruire relazioni significative e contribuire al benessere degli altri.

Importanza: L'empatia e la compassione sono fondamentali per sviluppare relazioni interpersonali positive, promuovere la coesione sociale e contribuire al benessere della comunità. Queste qualità possono migliorare la qualità della vita e avere un impatto positivo sulla salute mentale.

Aspetti chiave da considerare:

1. **Ascolto attivo:** La capacità di ascoltare attentamente gli altri, senza giudicarli o interromperli.

2. **Comprendere le emozioni altrui:** Essere in grado di riconoscere e comprendere le emozioni degli altri.

3. **Aiuto altruistico:** Offrire supporto e aiuto agli altri senza aspettarsi nulla in cambio.

4. **Gestione delle conflittualità:** Trattare i conflitti con empatia, cercando soluzioni che siano rispettose delle emozioni altrui.

5. **Inclusione:** Essere inclusivi e accettare le differenze tra le persone.

Consigli per promuovere l'empatia e la compassione:

1. **Pratica l'ascolto attivo:** Dedica tempo per ascoltare attentamente le persone quando parlano, senza giudicarle o interromperle.

2. **Mettiti nei panni degli altri:** Cerca di comprendere le emozioni e le prospettive degli altri e considera il loro punto di vista.

3. **Volontariato:** Coinvolgiti in attività di volontariato per aiutare chi è meno fortunato.

4. **Cultiva la gratitudine:** Riconosci e apprezza le persone e le cose positive nella tua vita.

5. **Pratica la gentilezza:** Sii gentile e rispettoso verso gli altri in tutte le tue interazioni.

Conclusione: L'empatia e la compassione sono qualità umane fondamentali che possono contribuire a creare un mondo più gentile e solidale. Promuovendo queste qualità nella tua vita, puoi contribuire al benessere delle persone intorno a te e migliorare la qualità delle tue relazioni interpersonali.

99. Lo sviluppo della resilienza

Definizione: La resilienza è la capacità di affrontare le sfide, l'adversità e le situazioni stressanti con forza mentale e emotiva. Significa adattarsi alle difficoltà, superare gli ostacoli e tornare alla normalità dopo un evento traumatico.

Importanza: La resilienza è fondamentale per affrontare i problemi della vita, mantenere la salute mentale e superare le difficoltà. Aiuta le persone a recuperare da eventi stressanti o traumatici e a crescere attraverso l'esperienza.

Aspetti chiave da considerare:

1. **Flessibilità:** Essere aperti al cambiamento e capaci di adattarsi a nuove situazioni.

2. **Mente aperta:** Avere una prospettiva positiva e una mentalità aperta per affrontare le sfide.

3. **Gestione dello stress:** Saper gestire lo stress in modo efficace e sviluppare strategie per affrontarlo.

4. **Sostenibilità:** Mantenere un equilibrio tra lavoro, vita personale e salute mentale.

5. **Apprendimento dalla sconfitta:** Trarre insegnamenti dagli insuccessi e dalle difficoltà invece di lasciarsi abbattere da essi.

Consigli per sviluppare la resilienza:

1. **Costruisci una rete di supporto:** Avere amici e familiari su cui poter contare in momenti difficili è essenziale.

2. **Mantieni una prospettiva positiva:** Cerca il lato positivo anche nelle situazioni difficili e cerca le opportunità di crescita.

3. **Sviluppa la gestione dello stress:** Impara tecniche di gestione dello stress come la meditazione, lo yoga o la mindfulness.

4. **Prenditi cura di te stesso:** Mantieni uno stile di vita sano con una buona alimentazione, esercizio fisico e un adeguato riposo.

5. **Accetta il cambiamento:** Accetta che il cambiamento è una parte inevitabile della vita e cerca di adattarti ad esso.

Conclusione: La resilienza è una qualità che può essere sviluppata e potenziata nel corso della vita. È fondamentale per affrontare le sfide con successo e per mantenere una buona salute mentale. Sviluppare la resilienza richiede pratica e impegno, ma può portare a una maggiore forza mentale e capacità di affrontare le sfide con coraggio.

100. L'importanza del servizio alla comunità e del volontariato

Definizione: Il servizio alla comunità e il volontariato si riferiscono all'atto di dedicare il proprio tempo e le proprie risorse per aiutare gli altri o sostenere cause beneﬁche senza aspettarsi un compenso diretto in cambio.

Importanza: Il servizio alla comunità e il volontariato sono fondamentali per costruire comunità forti e coese, promuovere il bene comune e contribuire al benessere delle persone bisognose. Queste attività possono avere un impatto positivo su chi offre il proprio aiuto tanto quanto su chi lo riceve.

Aspetti chiave da considerare:

1. **Beneﬁci per la comunità:** Il volontariato può migliorare la qualità della vita nella comunità, supportare organizzazioni non proﬁt e rispondere a bisogni urgenti.

2. **Sviluppo personale:** Il volontariato può aiutare a sviluppare competenze, aumentare la consapevolezza sociale e contribuire alla crescita personale.

3. **Condivisione delle risorse:** Il servizio alla comunità permette di condividere risorse e opportunità con chi è meno fortunato.

4. **Cittadinanza attiva:** Il volontariato promuove l'idea di cittadinanza attiva e responsabilità sociale.

5. **Costruzione di connessioni:** Il servizio alla comunità può aiutare a costruire relazioni

significative con altre persone con interessi simili.

Consigli per coinvolgersi nel volontariato e nel servizio alla comunità:

1. **Trova la tua passione:** Scegli un'organizzazione o una causa che ti appassiona e che ti tenga motivato.

2. **Inizia piccolo:** Non è necessario impegnare molto tempo all'inizio; inizia con piccoli progetti di volontariato.

3. **Sii costante:** Mantieni l'impegno nel tempo, poiché la continuità è spesso più utile delle occasioni sporadiche.

4. **Ricerca di opportunità:** Cerca organizzazioni locali o nazionali che cercano volontari e contattale per scoprire come puoi aiutare.

5. **Coinvolgi amici e familiari:** Invita altri a unirsi a te nel volontariato per creare un impatto ancora maggiore.

Conclusione: Il servizio alla comunità e il volontariato sono modi potenti per fare la differenza nella vita degli altri e contribuire a creare un mondo migliore. Queste attività possono essere gratificanti e arricchenti, fornendo opportunità per sviluppare relazioni significative, apprendere nuove competenze e contribuire al benessere generale della società.

101. L'importanza della perseveranza e della crescita personale continua

Definizione: La perseveranza è la capacità di affrontare ostacoli e difficoltà con determinazione e resilienza, continuando a lavorare verso gli obiettivi nonostante le sfide. La crescita personale continua si riferisce al processo di sviluppo e miglioramento costante di sé stessi attraverso l'apprendimento, l'esperienza e l'autoriflessione.

Importanza: La perseveranza e la crescita personale continua sono fondamentali per il successo e il benessere a lungo termine. Aiutano a superare le difficoltà, a raggiungere obiettivi più elevati e a mantenere la motivazione nella vita.

Aspetti chiave da considerare:

1. **Determinazione:** La volontà di perseguire gli obiettivi nonostante le sfide e i fallimenti.

2. **Apprendimento continuo:** L'atteggiamento di essere aperti all'apprendimento e all'acquisizione di nuove competenze.

3. **Adattabilità:** La capacità di adattarsi ai cambiamenti e di trarre insegnamenti dalle esperienze.

4. **Autostima:** Avere fiducia nelle proprie capacità e credere che il proprio sforzo porterà al successo.

5. **Mentalità di crescita:** Avere una mentalità che abbraccia il cambiamento e il miglioramento personale.

Consigli per promuovere la perseveranza e la crescita personale continua:

1. **Stabilisci obiettivi chiari:** Definisci obiettivi realistici e ambiziosi per te stesso e lavora costantemente per raggiungerli.

2. **Sii resiliente:** Affronta le sfide con coraggio e resilienza, cercando soluzioni anziché arrenderti.

3. **Cerca feedback:** Chiedi feedback e valutazioni per migliorare le tue abilità e il tuo comportamento.

4. **Cultiva la curiosità:** Sii curioso e aperto a nuove esperienze e nuovi punti di vista.

5. **Mantieni la motivazione:** Trova fonti di ispirazione e motivazione per continuare a lavorare verso i tuoi obiettivi.

Conclusione: La perseveranza e la crescita personale continua sono chiavi per una vita soddisfacente e di successo. Mentre affronti le sfide e cerchi di migliorarti, tieni presente che il cammino può essere difficile ma gratificante. La crescita personale è un processo che dura tutta la vita e ti aiuta a diventare la migliore versione di te stesso.

Conclusione:

In questo libro, abbiamo esplorato 101 cose che ogni ragazzo dovrebbe sapere per affrontare la vita con fiducia, saggezza e successo. Questi punti coprono una vasta gamma di argomenti, dall'educazione finanziaria alla gestione del tempo, dalla salute mentale all'empatia e alla resilienza. Ognuno di questi aspetti è fondamentale per la crescita personale e il benessere.

Ricorda che nessuno è mai davvero "finito" nell'apprendimento e nello sviluppo personale. La vita è un percorso di crescita continua, e l'importante è impegnarsi costantemente per migliorare te stesso e la tua vita.

Risorse aggiuntive:

Per ulteriori risorse e approfondimenti su questi argomenti, ti consiglio di esplorare i seguenti siti web e guide:

1. **Finanza Personale:**

    - Money Crashers

    - Investopedia

2. **Gestione del Tempo:**

    - Mind Tools

    - Harvard Business Review - Time Management

3. **Salute Mentale:**

    - National Institute of Mental Health

    - Psychology Today

4. **Empatia e Compassione:**

    - Greater Good Magazine

- Random Acts of Kindness Foundation

5. **Resilienza:**

    - American Psychological Association - Building Resilience

    - Resilience in Children and Teens

6. **Volontariato e Servizio alla Comunità:**

    - VolunteerMatch

    - Idealist

7. **Crescita Personale Continua:**

    - Lifehack

    - Tony Robbins

Ricorda che la conoscenza è solo il primo passo. L'azione è ciò che trasforma la conoscenza in esperienza e crescita. Continua a mettere in pratica ciò che hai imparato, cerca opportunità per crescere e aiutare gli altri, e sii sempre aperto a nuove sfide e opportunità. La tua strada verso il successo e il benessere personale è un'avventura che dura tutta la vita. Buon viaggio!

9 798869 047557